UNA MIRADA AL CIELO

UNA MIRADA AL CIELO

*Prepárate Para Abrir Una Luz De Esperanza
Hacia El Maravilloso Mundo Celestial*

CLAUDIA GUADALUPE OLIVAS Y
PORFIRIO MANUEL LUGO VENEGAS

Copyright © 2012 por Claudia Guadalupe Olivas y Porfirio Manuel Lugo Venegas.

Número de Control de la Biblioteca del Congreso de EE. UU.: 2012904238
ISBN: Tapa Dura   978-1-4633-2203-8
             Tapa Blanda   978-1-4633-2201-4
             Libro Electrónico   978-1-4633-2202-1

Todos los derechos reservados. Ninguna parte de este libro puede ser reproducida o transmitida de cualquier forma o por cualquier medio, electrónico o mecánico, incluyendo fotocopia, grabación, o por cualquier sistema de almacenamiento y recuperación, sin permiso escrito del propietario del copyright.

Este libro fue impreso en los Estados Unidos de América.

Correctoras de estilo: Carmen Ricarte y Cindy Judith Rodríguez
Ilustraciones: Fabián Hernández Salazar

Para pedidos de copias adicionales de este libro, por favor contacte con:
Palibrio
1663 Liberty Drive
Suite 200
Bloomington, IN 47403
Llamadas desde los EE.UU. 877.407.5847
Llamadas internacionales +1.812.671.9757
Fax: +1.812.355.1576
ventas@palibrio.com
341723

ÍNDICE

AGRADECIMIENTOS 7

PRÓLOGO 9

CAPÍTULO I: El Privilegio Del Don Otorgado Por Dios 13

    Mi vida antes de morir 14
    Mi fallecimiento y mis primeros encuentros espirituales 18
    El fallecimiento de mi suegra 37
    Los mensajeros de Dios 50

CAPÍTULO II: Fallecimientos 53

    La carta de despedida 54
    Un gran juego de dominó 72
    El desconcierto 84
    La lección de Dios 99
    El fin de una incapacidad 109
    ¡Qué hermoso es el Cielo! 122

CAPÍTULO III: Enseñanzas Celestiales 127

    El Purgatorio 127
    Solamente Dios juzga 136
    Mis conversaciones con seres divinos 140
    El payasito Colorín 146
    La visita de la Virgen de Guadalupe 157
    Mi Carta a Dios 160

EPÍLOGO 163

AGRADECIMIENTOS

A mi esposo, Porfirio Manuel Lugo, y a mis hijas, Iridian y Alejandra, les agradezco su amor y, en especial, su comprensión en relación con mis vivencias vinculadas a ese mundo espiritual y su apoyo para que yo pudiera llegar hasta este punto de mi encomienda.

Gracias a mi familia, a mis amigos y a todas las personas que tuvieron confianza para acudir a mí, para saber de sus familiares, que gozan del mundo celestial al lado de Dios.

Y, por supuesto, a mi ángel hermoso y a mi suegra: les agradezco profundamente su compañía permanente, además de su amor y sus enseñanzas celestiales, que fueron determinantes para darle un nuevo estímulo a mi vida.

A Carmen Ricarte, gracias por su gran colaboración durante la realización de *Una mirada al Cielo* y, más aun, por su trabajo en la corrección de estilo.

Cindy Judith Rodríguez, gracias por participar como correctora de estilo en *Una mirada al Cielo*.

Gracias Fabián Hernández Salazar por tus ilustraciones, que enriquecieron las historias de *Una mirada al Cielo*.

Les agradezco profundamente, ya que fueron trascendentales en la culminación de este libro.

PRÓLOGO

En 1989, durante una intervención quirúrgica, fallecí: perdí los signos vitales por doce minutos. Una luz blanca e intensa me llevó a recorrer mi vida en cuestión de segundos y, al final de un túnel luminoso, me encontré en aquel hermoso lugar llamado *Cielo*. Ahí me esperaba mi abuelo, quien me hizo conocer el sitio celestial en el que él se encontraba. Sin embargo, después de un beso paternal, volví a la vida.

A partir de ahí, pasé meses de intenso agobio debido al miedo que me provocaban las agresiones verbales de algunas personas que no aceptaban que hubiera recibido dones y quisiera compartirlos o, al menos, comprenderlos. De todo ese tiempo, puedo recordar en especial el terror, el rechazo, los insultos y el sufrimiento que traían consigo esas agresiones morales. Sin embargo, todas aquellas vicisitudes, que lastimaron en parte mi integridad, también lograron darme la fuerza y la entereza para continuar adelante, agradeciendo al Creador la oportunidad de ver la luz de cada amanecer.

Con la aparición de mi ángel, el efecto de todas aquellas emociones negativas disminuyó, pues aquel ser celestial, con sus enseñanzas y sus mensajes, se convirtió en mi guía espiritual. Después llegó a mi vida un compañero: mi esposo, y a través de él obtuve la felicidad plena y mi realización como mujer. No obstante, tuvieron que pasar dieciséis años para que pudiera confesarle aquellas cosas y compartir con él mis experiencias espirituales.

Por otro lado, con el fallecimiento de mi suegra aprendí parte del misterio que encierra el mundo espiritual, y un sinnúmero de enseñanzas me fueron transmitidas. Mis primeros dones me permitieron descubrir otros, como la clarividencia, la sanación, la capacidad para ayudar a bien morir y la de ver las vidas pasadas de mis semejantes y, asimismo, su futuro. Aprendí a hacer que mi espíritu abandonara mi cuerpo; de esta manera, puedo tomar las manos de las ánimas y conocer los momentos más importantes de su pasado. Esto me permitió tener contacto con arcángeles y visitar los siete Cielos existentes.

Respecto a lo que hay en el segundo Cielo y los demás Cielos superiores, Dios me pidió que me reservara discretamente esos conocimientos hasta que él me ordene que comparta todo lo que sé sobre ellos.

Conocer el séptimo Cielo, la residencia de Dios, fue extraordinario para mí. En mi visita tuve la maravillosa fortuna de platicar con él. Asimismo, me concedió la oportunidad divina de comunicarme con la virgencita de Guadalupe y con Jesús. Esas experiencias me han permitido entender el significado pleno de la felicidad y la plenitud. Todo, absolutamente todo, ha llegado a mi vida con presteza y ha ocurrido a una velocidad vertiginosa.

¡Cuánto ha cambiado mi vida! Continúo asimilando el giro que ha dado, agradeciendo a Dios cada amanecer y cada atardecer, pese a que también me enfrento a nuevos obstáculos: la crítica negativa de los incrédulos que ponen en duda y especulan sobre mis actos y sobre la misión que el Creador me ha señalado. Pero esta razón poderosa me da nuevos bríos que alientan mi espíritu y mi corazón para invitarlos a conocer la iluminación que trae consigo la fe. Mi ángel no se equivoca, y espero que pronto se cumplan sus palabras proféticas: «Con el tiempo, todos te creerán». Espero pacientemente, con la confianza que Dios ha depositado en mí. Confío en que tú, querido lector, también lo hagas.

Volcar el relato de mis experiencias en este libro es una respuesta a las peticiones de una gran cantidad de personas que amablemente lo han solicitado. Todas y cada una de las vivencias vertidas en la presente obra representan un testimonio veraz y auténtico de lo que he experimentado y registrado en mi mente y mi corazón, a través de varios años de existencia.

Por todo lo anterior, *Una mirada al Cielo* tiene sus propios fines: servir como instrumento para transmitir los designios de nuestro Creador, quien nos recibirá en el paraíso con los brazos abiertos cuando llegue nuestra hora de partir de aquí. Junto al Padre celestial, también se encuentran ansiosos nuestros seres queridos, esperando nuestra llegada para reunirse con nosotros nuevamente. Para ello, es necesario que antes aceptemos la muerte como un proceso natural que nos llevará a disfrutar de la vida eterna.

Mi misión, alejada del lucro, es entregar mi vida al servicio de los demás pues, como dice mi ángel, «los dones de Dios no se cobran». Tengo la certeza de que mi camino está bendecido por nuestro Padre celestial, quien ha depositado en mí su confianza y una encomienda que acepto realizar con sumo agrado.

Quiero subrayar algunas cosas, de modo que comprendas mi deseo de compartir contigo mis vivencias y las de muchas otras personas. A partir del momento en el que Dios se propuso utilizarme como instrumento para ayudar a Jessica, la chica protagonista de mi primer relato, también por obra y decisión de él, mi Creador, muchas otras personas empezaron a acudir a mí, y muchas más siguen acudiendo en búsqueda de consuelo. Necesitan recibir respuesta a algunas dudas, resolver asuntos que quedaron pendientes de realizar con sus seres queridos o, simplemente, cerrar ciclos de vida. Todos ellos son seres, tanto de aquí como del más allá, con almas adoloridas, corazones sin consuelo o mentes al borde de la locura o la desesperación. Niños, adolescentes, mujeres y hombres de distintas edades, todos hemos aprendido y recibido lecciones de vida que nos han transformado drásticamente y nos han acercado más a Dios.

Esa necesidad urgente de dar a conocer los designios y las encomiendas de Dios me llevó a utilizar algunas técnicas narrativas para relatar las vivencias seleccionadas para conformar *Una mirada al Cielo,* a fin de hacerlas más accesibles y comprensibles para los lectores. Por ello, notarás que en las anécdotas pareciera que los espíritus tienen una comunicación directa con sus seres queridos, aunque esto no sea completamente cierto: en la vida real, el enlace comunicativo es realizado por mi intermedio, con el pensamiento, y por ello me considero un *instrumento de Dios* para llevar a cabo el cumplimiento de sus designios.

Al mismo tiempo, algunas situaciones, ciertos nombres y algunos datos personales han sido cambiados, con el fin de respetar y proteger la privacidad e identidad de las personas que me han confiado sus vivencias. Sin embargo, no me cabe duda de que cuando lean mi obra, se percatarán de que es su propia experiencia la que fue elegida para colaborar en la difusión de los valores religiosos que se me ha encomendado.

En relación con las preguntas y respuestas expuestas en algunas de las anécdotas, su inclusión fue autorizada por mi ángel, quien consideró pertinente difundirlas para proporcionar nociones y conocimientos de lo que sucede después de morir.

Comentado lo anterior, acompáñame, ahora sí, a recrear mi vida, que a partir de este momento también es tuya. Te la ofrezco con todo mi corazón, con todo mi amor.

CAPÍTULO I

EL PRIVILEGIO DEL DON OTORGADO POR DIOS

Todos los seres humanos recibimos de la divinidad privilegios y dones. El primero de ellos comienza con la oportunidad de venir a este mundo. El don de la vida es maravilloso, puesto que nos permite, cada día que pasa, acumular experiencias y conocimientos que nos van formando y forjando con una personalidad determinada, única, irrepetible y original.

Los demás dones y privilegios, que pueden manifestarse temprana o tardíamente, se nos otorgan en secreto, guardados y encerrados en el misterio de nuestra conciencia y de la pureza de nuestro ser. Están ahí, atentos, dispuestos a iluminar nuestras vidas el día que lo deseemos, para que podamos hacerlos brillar y explotarlos en bien de los demás y, como consecuencia, de nuestro mundo. El descubrimiento de nuestros dones exige un recorrido dificultoso, lleno de vicisitudes, de pruebas y de exigencias que requieren mantener contacto con nuestra esencia original, similar a la que posee nuestro Padre celestial.

Muchos hemos tenido la oportunidad de identificar los dones que Dios nos ha otorgado tempranamente y, por lo tanto, también sabemos cuál es nuestro compromiso y la misión que debemos cumplir. La encomienda que me ha hecho el Padre celestial ha ido creciendo y transformándose como un capullo que pronto será una mariposa que alzará el vuelo hacia el paraíso, una vez que esté lista y haya cumplido con su misión.

En las siguientes páginas de este primer capítulo, describiré parte de mi vida, antes y después de haber tenido mi primer encuentro con el mundo espiritual, además de exponer someramente los primeros misterios que Dios me ha revelado para ti.

En estas páginas encontrarás la finalidad de su encomienda y de sus intenciones al llevarme al paraíso durante algunos minutos. Espero que, al igual que yo, tu amor, fe y esperanza se fortalezcan, pues solo de esta manera tendremos la oportunidad de gozar de su presencia y de la vida eterna que nos tiene prometida en su edén, donde nos espera con los brazos abiertos.

MI VIDA ANTES DE MORIR

Nací en la capital del estado más grande de la República Mexicana, Chihuahua, el 15 de febrero de 1971. Tuve la fortuna de pertenecer a una familia de clase media y ser la mayor de cinco hermanos. Debido a necesidades económicas, mis padres tuvieron que emigrar a los Estados Unidos en el año 1976, luego de experimentar meses de profunda tristeza a causa de los planes para comenzar una vida lejos de los abuelos paternos. Tres años después, regresamos a mi tierra natal.

Sin embargo, a excepción de aquel breve tiempo en el que nos mantuvimos alejados del hogar paterno y en tierra extranjera, puedo hacer el recuento de mi infancia con una grata sonrisa y el corazón alegre, pues fue simplemente maravillosa. De la gran cantidad de recuerdos infantiles, se encuentran latentes y sumamente lúcidos aquellos que, a manera de cinta cinematográfica, se repiten una y otra vez en mi memoria, para luego detenerse en una escena elegida al azar, que luego será reconstruida sin que pueda evitarlo. Entonces, comienzo a experimentar una serie de sensaciones secundarias, siempre en el mismo orden: visualización de imágenes, de colores y sonidos llegados del pasado; luego, humedad y calor en los ojos; después, el sabor agridulce en la boca y lágrimas contenidas en la garganta… Una urgencia nostálgica de traer al presente los años inolvidables, los momentos compartidos con los seres queridos, especialmente aquellos al lado del abuelo.

En segundos, las imágenes vuelan hacia el infinito, dejando mi corazón vacío. Luego, una lágrima contenida que, liberada, recorre con lentitud mi mejilla. Finalmente, una sonrisa y mi espíritu en reposo.

Para mí, aquel anciano adorado era como un frondoso roble bajo cuya sombra mis raíces se alimentaron, crecieron y se extendieron hasta lograr aferrarse con fuerza a la tierra. Atesoro en mi memoria y mi corazón cada momento compartido al lado de este hombre sabio. Recuerdo, como si fuera ayer, cómo mi abuelo me llevaba a la iglesia con el afán de prepararme para recibir el tercer sacramento: la Primera Comunión. Para él, siempre fue relevante mi acercamiento a Dios; sus manos me llevaron hacia él, y sus deseos, sin darme cuenta, muy pronto fueron adhiriéndose a mi alma y se convirtieron pronto en una búsqueda, en una necesidad y una parte esencial de mi formación infantil.

Asistir al catecismo fue el principio de estas experiencias, que continuarían hasta la adultez y la marcarían. Mis encuentros espirituales eran pequeños destellos que se manifestaban sorpresivamente, rompiendo la rutina, el peso de la vida cotidiana y el juego infantil…

Recuerdo cuando una mañana se me ocurrió manejar un endeble triciclo a toda velocidad. Éramos cinco tripulantes: un par de amigas y mis hermanas apiladas sobre mis espaldas; de pronto, sin control alguno, un declive combinado con la velocidad vertiginosa hizo que diéramos contra el suelo y, tras numerosas vueltas, entre pies, manos, cabelleras y rostros, la fantasía se esfumó para regresarnos de golpe a la realidad. El accidente dejó como saldo un «Ferrari» hecho pedazos, ropa sucia, raspones por doquier, quejas, emociones encontradas y la quebradura del brazo de una de mis hermanas.

Aquella situación embarazosa trajo consigo el enojo y regaño materno. Pero pronto, como era de esperarse, el abuelo salió en mi defensa. Ahí estaba, como un gigante, imponiendo su autoridad sobre mi madre. Su mano extendida fue en esa ocasión el sosiego de la furia y, por supuesto, mi salvación.

Entre lágrimas infantiles y un discurso materno ininteligible, emprendimos la retirada a toda prisa hasta la iglesia. Comparados con los míos, sus pasos eran firmes, enormes y silenciosos, mientras yo, ahogada con el susto, corría para darle alcance a su marcha. Nuestra caminata se hizo eterna, podía contar los pasos junto con mi respiración agitada, mis piececillos apenas si tocaban el empedrado, que sonaba hueco al rozar con nuestros zapatos. Nuestra diligencia culminó en la puerta de la iglesia.

Escuchamos el sermón. Poco más tarde, mi abuelo se acercó al oficiante del templo. Su encuentro fue respetuoso y filial. Luego de una introducción de bienvenida, charlaron largamente, y escuché mi historia vivida unas horas antes. El abuelo narraba mi «agravio». Me parecieron cómplices de mis actos. La escena del triciclo se convirtió en un secreto de dos que se cerró con una espléndida idea expresada por el extraño individuo:

—Después de todo, creo que tu nieta es perfecta para realizar esta personificación: pequeña, delgada y morenita.

Mi abuelo sonrió. A continuación (imaginando una propuesta aún no revelada), me miró a los ojos de manera penetrante y, tras breves segundos, dijo:

—¡Prepárate! Desde mañana vendrás a ensayar una hora diaria: tú vas a personificar a la virgen de Guadalupe en la peregrinación.

Sin discusiones, ese fue el primer año en el que representé a la Virgen Morena.

Representar a la madre de los mexicanos era una experiencia agotadora para una niña. Había que estar parada durante más de cuatro horas, soportando los deseos de orinar y el gélido clima que calaba hasta los huesos, pues era el mes de diciembre.

Con todo, lo traviesa no se me quitaba, seguía jugando con mis amigos. Una de tantas tardes, se nos ocurrió la grandiosa idea de acudir a la tienda de abarrotes y robarnos una caja de chocolates. Desde luego, se dio la anunciación: el abuelo nos descubrió. La caja de chocolates regresó a su propietario, se pagó al doble de su costo y se ofreció una vergonzosa disculpa. Su discurso terminó en un inolvidable regaño. Por primera vez, y como nunca antes me había pasado, sus palabras me dolieron. Volví a sentir mi mano envuelta en la suya y volvimos a recorrer un camino conocido: el empedrado, la fuente de agua, los árboles y el canto de los pajarillos. Fui a parar nuevamente a la iglesia y entonces conocí lo que era rezar un rosario, esta vez sola, muy sola, sin la compañía de mi abuelo. Al concluir mis rezos, la voz del abuelo sonó tronante:

—Esta semana empezarás a ensayar nuevamente porque vas a seguir representando a la virgen de Guadalupe.

Al escuchar a mi abuelo, lloré.

—Abuelo, pero... ¡hace mucho frío!—me quejé, impotente.

Enojado, me respondió:

—A ver si de esta manera aprendes a portarte bien. ¡No vamos a discutirlo!

Ya lo había anunciado el abuelo, y así fue. Ese año, volví a representar a la virgen de Guadalupe.

Cómo describir el dolor del alma... ¡No existen palabras...! Hubiera querido que mi madre me pegara para llorar y mitigarlo, pero no resultaba. El dolor del alma es inmensurable. Conocí su significado siendo muy pequeña aún.

Cuando cumplí doce años, mi abuelo enfermó. Un cáncer de estómago terminó con su vida. Solo eso podía acabar con el hombre recto, honesto y amoroso que era. El frondoso árbol había sido cortado de tajo, sin protesta y estoicamente. Su sombra se convirtió en luz y me dejó en desamparo. A partir de su deceso, algo sucedió dentro de mí, porque la mitad de mi vida se había ido con él. La tristeza y la soledad me invadieron y suplieron a mis amigas de juego. Me volví taciturna, silenciosa y distante. Encerrada en mi cuarto, mi sonrisa y el buen humor escaparon por un largo tiempo y se fueron lejos, muy lejos, como golondrinas sin nido.

Luego de transcurrido un tiempo y de sufrir un vacío inconmensurable por la muerte de mi abuelo, una tarde tuve la urgente necesidad de visitar la iglesia. Esa vez, emprendí sin compañía el camino hacia el recinto sagrado, pero el silencio de mis pasos encontró el eco de otro par. Sentía mariposas en el estómago; una alegría inusitada acogió mi corazón. Los recuerdos de mi abuelo invadieron mi mente y lo sentí como antes. Parecía percibir su presencia a mi lado, y sus pasos sumados a los míos acortaron la trayectoria. El empedrado tocaba su melodía hueca bajo mis pies. ¿Había dejado de ser niña? ¿Por qué el camino me pareció más corto? O, tal vez, ¿el recuerdo del abuelo había contraído por arte de magia aquella larga travesía que había realizado con él en innumerables ocasiones...? No lo sé... No tenía la respuesta.

Llegué hasta el pórtico de la iglesia. Me restregué el rostro con las manos, me detuve a la entrada en silencio. Uno, dos, tres minutos, aspiré el aroma una y otra vez: a incienso, a madera vieja, a lirios y a eternidad. Volví a inhalar aire hasta llenar mis pulmones. ¡Cuánta paz! El contacto con lo sagrado esta vez fue diferente a la otra infinidad de ocasiones en las que había estado ahí. Era como si, de pronto, mi cuerpo hubiera tomado conciencia de que era algo más que materia, de que esta última estaba acompañada de esencia espiritual. ¿Por qué estaba ahí, experimentando sensaciones de inmensa plenitud, armonía y paz…? No lo sabía con exactitud, no era tiempo aún de averiguarlo, solo podía sentir una intensa necesidad de acercarme a Dios. Exhalé, mis pulmones volvieron a sentir aire, beatitud y alegría. Días después, empujada por una fuerza extraña y una voluntad inusual, decidí que ese año volvería a representar a la virgen de Guadalupe.

Tras aquella experiencia, el abuelo se convirtió en la inspiración para construir mis anhelos y sacar buenas notas escolares. Me propuse ser la mejor niña. No quería que mi viejo adorado recibiera ninguna queja, nada que interrumpiera su eterno sueño.

Recuerdo que, en el pasado, el abuelo me esperaba hasta concluir los ensayos, se sentaba cerca, se quitaba su sombrero y perdía su mirada en la Biblia. Al concluir mi ensayo, como recompensa, me decía:

—¡Vamos, Prieta! Vamos por una nieve.

¡Y la nieve era solo para mí! Fresa, no: vainilla; mañana, ron con pasas; después, cereza. Conocí al lado de mi viejo todos los sabores de la nieve. Mi abuelo siempre comía chocolate, pero no era tan dulce como él. En este momento, se me está antojando una. ¿Quieres, viejito?

MI FALLECIMIENTO Y MIS PRIMEROS ENCUENTROS ESPIRITUALES

Cuando llegué al tercer grado de secundaria, mi salud empezó a debilitarse. Sufría permanentes sangrados de nariz y dolor de las anginas, por lo que el médico recomendó que me cortasen el cabello. Así fue: mi larga cabellera, aquella que adoraba tanto mi abuelo, desapareció entre las tijeras de una vecina estilista. Conservo la trenza entre mis recuerdos, en una vieja cajita, y con ella, las vivencias de las representaciones marianas. Desde entonces, dejé los ensayos y la dramatización. Ya no pude caracterizar más a la virgencita de Guadalupe porque mi cabello había desaparecido, y en su lugar, se acentuó el dolor de las anginas.

Tenía varias primaveras acumuladas en mi vida cuando mi corazón escuchó la voz de mi vocación. Decidí estudiar enfermería. Algunos años habían pasado, y los recuerdos de mi abuelo se adueñaron de mi ser más que nunca, pues la escuela donde debía estudiar quedaba cerca de su hogar. Así fue que decidí vivir con la abuela, quien se convirtió en mi segunda madre.

Un año más tarde, la fiebre reumática se apoderó de mí. Decían que era una consecuencia del permanente dolor de las anginas, por lo que un miércoles de 1989, a la edad de dieciocho años, me hicieron una amigdalotomía, poniéndole fin a mi larga convalecencia. Luego, mi vida dio un giro inesperado.

Todo parecía transcurrir con normalidad, ya que me reincorporé a mis actividades cotidianas, pero a los siete días de la intervención quirúrgica, me sorprendió un fuerte sangrado como consecuencia de la operación. Tuve que visitar nuevamente al médico, quien me aplicó una inyección que detuvo el fluido que emanaba de mi boca. Sin embargo, después de trece días, empecé a vomitar coágulos de sangre, y me llevaron de urgencia al hospital. Durante el trayecto, el sangrado era abundante. Como estudiante de enfermería, había empezado a preocuparme por mi condición: sabía que podría fallecer a causa de la pérdida de tanta sangre. Cuando llegamos al hospital, se me acercó un médico muy joven; al mirarlo, leí su nombre en la identificación: José. Parecía tener aproximadamente mi edad. Después de revisar mi garganta, dijo:

—Te voy a llevar de emergencia al quirófano. Tienes una arteria lastimada y has perdido mucha sangre.

El doctor no me inspiraba confianza, y pregunté, preocupada:

—¿Usted quién es?

—Soy el cirujano—respondió, firme.

Lo observé aún con cierto recelo. No obstante, mis padres firmaron el consentimiento para que se me realizara una cirugía emergente. Cuando me trasladaban al quirófano, fui presa de una profunda angustia, pero me sorprendió la presencia de una señora con una sonrisa hermosa, que me dijo:

—No te asustes, hija, todo estará bien.

Al llegar al quirófano, me pareció escuchar una voz conocida. Era la voz de un anestesiólogo que era mi maestro en la escuela de enfermería, y que expresó:

—¡Hola! ¿Qué te pasó, Claudia?

—Pues aquí estoy, a punto de ser operada. Prométeme que nada me va a pasar.

—Te lo prometo. No te preocupes, todo saldrá bien, ten confianza en mí. Ahora, cuenta hasta diez—y empezó a contar—: uno, dos…

Mientras realizaba el conteo, fui perdiendo el conocimiento hasta quedar profundamente dormida. Sorpresivamente, empecé a sentir que mi cuerpo pesaba como plomo. Enseguida, la densidad comenzó a aminorar poco a poco, hasta que dejé de percibirla. En instantes, pude experimentar una especie de liberación que me permitía flotar en la habitación, como una burbuja de jabón llevada por el viento hacia arriba. De pronto, pude reconocerme a mí misma, inerte en la camilla del quirófano. Desde ese lugar elevado observaba minuciosamente lo que se hacía con mi cuerpo. Enfermeras y doctores me rodeaban con movimientos rápidos y ansiosos. Se comunicaban entre sí. Un médico daba órdenes haciendo énfasis en que tenía un paro cardiaco. Su rostro estaba excitado, la angustia lo hacía sudar y me aplicaba compresiones rápidas y violentas en el pecho.

De inmediato, empecé a sentir cómo caía en un abismo, hasta llegar a lo más profundo. Muy al fondo, alcancé a percibir un esplendor brillante que me guiaba, al mismo tiempo que escuchaba una voz que decía:

—¡Sigue la luz!

Obedecí y caminé hacia ella. A un lado había una hilera larga y sin fin de gente. Al final se veía una puerta enorme de rejas doradas, que podía tener unos diez metros de altura y otros tantos de ancho, y en cuyas esquinas se hallaban pilares de cantera. Mientras caminaba hacia al fulgor, la gente me miraba con atención. Como si fuera una película, se presentaban ante mí escenas importantes de mi vida: mis paseos con el abuelo, mi graduación de primaria, mi fiesta de quince años, los momentos del vómito de sangre al llegar al hospital.

Después de caminar por un breve lapso, me topé con una puerta decorada con flores hermosas, que se abría por sí sola. Cuando entré, me encontré con una capilla sin imágenes religiosas, donde había bancas como las de las iglesias. Volteé sobre mi lado derecho y vi que allí estaba mi abuelo. Al mirarlo, me invadió un gusto enorme, pues era el mismo que había fallecido seis años atrás; lo acompañaba una niña preciosa. Él parecía más joven y estaba como en los mejores años de su vida: fuerte como el enorme roble que era; pero en esta ocasión, mostraba una alegría peculiar. Con cierto recelo provocado por la presencia de la pequeña acompañante, me acerqué al abuelo llena de emoción, lo abracé y le di un cariñoso beso. Y así comenzó nuestra conversación:

—¡Hola, abuelito! ¡Te he extrañado tanto...! ¡Te amo! Dime, ¿quién es esa niña?

El abuelo respondió con su voz tierna y una dulce sonrisa:

—Yo también te extrañé, mi niña, y no pensé que te vería tan pronto. Responderé a esa pregunta que te invade: esta niña que me acompaña es tu hermana.

Después de esta aclaración y un obligado silencio, recordé que mi tía y mi madre habían tenido una conversación cuyo tema central había sido precisamente ella, de quien no conocía pertenencia alguna ni había visto una sola fotografía.

La saludé con amabilidad y fui correspondida. Luego, los tres recorrimos un pasillo estrecho que concluía en una puerta que se abrió para recibirnos. Al cruzarla, un resplandor brillante me obligó a cerrar los ojos y protegerlos. Mi abuelo se postró para tomar con sus cálidas manos mi rostro y besar mis ojos.

Cuando los abrí, me sorprendió un paisaje bello y maravilloso: había un inmenso jardín con pasto verde y árboles majestuosos, así como una cascada de aguas cristalinas y espumosas. Alrededor, revoloteaban pájaros y mariposas multicolores de diversos tamaños; el color que más predominaba era el azul. En el centro del jardín había una gran fuente con muchos pececillos, decorada con flores muy hermosas y de colores resplandecientes.

Continuamos nuestro recorrido remembrando nuestros paseos y momentos compartidos. Mi abuelo preguntó:

—¿Recuerdas, hija, cuando hacíamos chicharrones y preparábamos chile para chorizo?

Yo escuchaba atenta, y musité:

—Sí, abuelito, recuerdo tus deliciosos guisos, pero mejor aun nuestros recorridos hacia la iglesia y mi cono de nieve al salir de misa… Te he extrañado tanto, abuelito, me hiciste mucha falta. Jamás había experimentado con tanta plenitud la quietud y la paz.

Guardamos silencio para disfrutar del paraíso. Mis ojos contemplaban una belleza sin igual. Era sumamente extraordinario estar tan cerca de las nubes que hasta podía tocarlas con mis manos.

De pronto, mi abuelo dirigió su mirada hacia arriba, la sostuvo unos instantes y, con tristeza, buscó mis ojos para agregar:

—Lo siento, mi amor, pero tienes que regresar. Suelta mi mano, te aseguro que vas a estar bien, lo siento… Recuerda siempre que te amo.

Mientras esto decía, regresó su mirada al cielo como si recibiera órdenes de alguien. Yo sentía que el corazón se me oprimía y, aferrándome de nuevo a su mano, le rogué que me dejara a su lado: —¡Por favor, abuelito! ¡Por favor, no me sueltes! ¡Me quiero quedar aquí contigo! Siento mucha paz a tu lado, ¡no me quites esta felicidad!

Mi abuelo, con los ojos cristalinos y con su característica ternura, dijo:

—¡No, mi amor, no llores! Lo siento, no es decisión nuestra, debes irte, pero sé que te veré después. Todavía no es tu hora. Estaremos aquí esperando hasta que sea tu tiempo.

Sus ojos se inundaron de lágrimas y, finalmente, liberó mi mano.

Todo lo visto en ese momento se detuvo y aquella película empezó a correr con celeridad en sentido inverso. Cada escena pasaba rápidamente frente a mis ojos. Luego, llegó una voz externa familiar: el anestesiólogo que, moviéndome, pronunciaba:

—¡Claudia! ¡Claudia!

Abrí los ojos, viré la mirada a la derecha y me encontré con la del doctor, que lucía preocupado. Estaba entubada y empecé a toser con insistencia, pues sentía la falta del oxígeno. El doctor agregó:

—No hables. Cálmate, te sacaré ese tubo.

En unos segundos realizó la acción y, con cierto énfasis, preguntó:

—¿Te sientes bien?

Aunque con pocas fuerzas, contesté afirmativamente. El médico agregó:

—Te dieron tres paros cardiacos, te me fuiste como doce minutos. ¡Qué susto nos has dado! Pero aquí estás, te recuperarás pronto.

Este comentario me sorprendió.

—Perdón, voy a estar bien, eso creo—dije, y sonreí.

En cuanto me estabilizaron, mis padres entraron a la sala de terapia intensiva. Mi padre fue el primero en entrar.

—¡Qué susto me diste! Es la una de la madrugada. No te había visto desde las ocho de la mañana, cuando te metieron al quirófano —me dijo y, luego, preguntó—:¿Estás bien?

Recordando aquella experiencia tan lúcida, respondí:

—¡Papá, vi a mi abuelito!

En ese instante, mi mamá ingresó a la habitación y, al escuchar mi relato, intervino:

—No te preocupes, hija, solo estabas soñando.

Busqué el contacto visual con mi madre y le repliqué:

—¡No, mamá! También vi a mi hermanita.

Ella guardó silencio y, con los ojos llorosos, agregó en tono firme:

—¡Te dije que solo había sido un sueño! ¡Un sueño, nada más!

Durante todo ese día estuve en terapia intensiva, donde las visitas de los doctores, las enfermeras y los familiares eran constantes. Los estudios médicos eran periódicos, muy tediosos y, en ocasiones, hasta molestos, pero aun así seguía remembrando cada uno de los momentos en compañía de mi abuelo y mi hermana, ligados a imágenes de esos paisajes hermosos y espectaculares. El simple hecho de recordar cada suceso llenaba mi corazón de alegría por lapsos. Finalmente, me asignaron una habitación privada para que pudiera recuperarme.

Por la mañana, entró a mi cuarto una señora vestida de negro. Era la misma que había visto en el pasillo cuando me trasladaban al quirófano, y entonces le pregunté:

—¿Qué se le ofrece?

Con mirada y sonrisa angelicales, me contestó:

—Me llamo Rosario, ¿quieres rezar?

Asentí con agrado, y oramos. Cuando concluimos nuestras oraciones, agregó:

—Me retiro. No te preocupes: de ahora en adelante, todo estará bien. Dios te cuidará.

En ese mismo instante entró mi madre, que atraída por mi voz, me cuestionó:

—¿Con quién hablas? ¿Por qué estás rezando sola?

Enojada, contesté:

—¡No estoy sola! ¡No seas irrespetuosa y mejor muévete a un lado, que la señora va a pasar! ¡Se tiene que retirar!

Mi madre se molestó mucho. En ese momento, descubrí que ella no percibía la presencia de la mujer de vestido oscuro, como yo podía hacerlo.

—¿Qué te pasa, Claudia? ¿Estás soñando o has perdido la cordura? ¡Aquí no hay nadie!—se inquietó.

Esas palabras lastimaron mi corazón. Solo agregué:

—¡Nada! ¡Olvídalo!

Guardé silencio, y las lágrimas escaparon de mis ojos. A pesar de que la señora seguía ahí, a mi lado, presenciando como una esfinge nuestra discusión y mi dolor, muchas preguntas me invadieron: ¿Qué deseaba esta señora? ¿Por qué mi madre no podía verla?

Antes de que terminase mi cuestionamiento, la mujer se fue, dibujando en su rostro una sonrisa, a modo de despedida. Pude concluir que Dios me la había enviado, porque después de rezar juntas, había experimentado una sensación de paz interna indescriptible. Así me quedé, en cama, mirando a mi madre con frustración e impotencia. Acepté a regañadientes su solicitud de que me durmiese. Además, seguía reiterando que en la habitación no existía otra presencia más que la nuestra. Me persigné y cerré los ojos para descansar.

Las palabras de mi madre únicamente agigantaban mis dudas. No había respuesta lógica a los acontecimientos que antes y después de mi intervención quirúrgica sucedieron en torno a la presencia de la señora desconocida. A pesar de mis investigaciones y entrevistas con las enfermeras, ninguna de ellas podía responder. Nadie había visto a una persona adulta con semejantes características, y mucho menos podía ser una empleada que trabajara en ese hospital. Por fin, llegué a una conclusión más aceptable… ¿o lo imaginaba? Tal vez todos los acontecimientos anteriores habían consistido en alucinaciones producidas aquel día por la pérdida de una gran cantidad de sangre.

Al cabo de tres días, regresé a casa. Retomé mis actividades y mis estudios para continuar construyendo mi sueño de concluir una carrera profesional.

Un domingo, de manera inesperada, nos visitó un amigo con su esposa y su hijo. Fue un acontecimiento de gran felicidad, aun más por la presencia de un hermoso angelito en casa. Les pedí cargarlo y, al tenerlo en mis brazos, recordé que una semana antes había soñado con él. En ese sueño había visto al niño en el regazo de su madre, luego tenía dificultades para respirar y moría. Sin embargo, intenté que mi mente se concentrara en otras cosas, pues la experiencia era sumamente desagradable. Cuando el matrimonio se retiró, tuve la urgente necesidad de compartir con mi madre aquella angustiosa vivencia, y le dije:

—Mamá, tengo un mal presentimiento. La semana pasada soñé con el hijo de mi amigo, y algo desagradable sucedía con él. Por favor, no me preguntes cómo lo sé, pero comparto contigo este sentimiento porque presiento que eso sucederá.

Mi madre respondió con cierta molestia:

—¿Estás tonta? No andes diciendo eso, ¡te estás volviendo loca!

Me dolió tanto que me hablara de esa manera que me levanté del sillón, caminé hacia mi cuarto y me encerré para soltar el llanto. Al mismo tiempo, me autocuestionaba:

—¿Por qué me pasa esto? Estoy segura de haber soñado con ese niño, no estoy tonta, como afirma mi mamá.

Durante la semana continuaron ocurriendo acontecimientos inexplicables, y experimentaba cosas extrañas que no comprendía. Fueron momentos muy difíciles para mí, pues no encontraba respuesta alguna a las múltiples dudas que se apoderaban de mi mente. Mucho menos sabía que al morir por doce minutos, había traspasado la barrera de lo material para descubrir una dimensión desconocida para muchos. Desde entonces, mi vida había dado un giro en el terreno de las percepciones. Tomé entonces la decisión de nunca más contarle a nadie mis vivencias. Decidí bloquear mi mente, sellar mi boca, reprimir mis sentimientos. Las discusiones que había tenido con mi madre a causa del relato sobre mi sueño con el niño me hacían tener la convicción de que todos me juzgarían loca.

No obstante, el sábado de esa misma semana mi madre recibió una llamada de mi amigo, que le decía que el niño se encontraba muy enfermo y que el diagnóstico médico era una enfermedad cardiopulmonar. Poco tiempo después, el niño falleció.

Aquella noticia fatal me causó una silenciosa depresión que se manifestó en llanto, tristeza y una soledad profunda. Una angustia y una confusión insoportables invadieron mi espíritu, y supliqué a Dios que me ayudara e iluminara dando respuestas a mis múltiples dudas.

Fuimos al velorio y al entierro del pequeño. Mi madre me exigió inquisitoriamente que no platicara con nadie acerca del presentimiento y el sueño sobre la muerte del niño. Una vez más, sus palabras causaban el efecto de un taladro en mi corazón. ¿Cómo iba a contar lo que me sucedía, si mi madre, que era el ser que me había dado la vida, no creía en mí? ¿Qué podía esperar de los demás?

Los días pasaban, y no tenía con quién desahogarme. En mi interior se habían acuñado sentimientos encontrados. Creía que mis percepciones eran reales, pero para el resto de la gente eran experiencias producto de una imaginación desbordada.

Mi madre aseguraba que estaba perdiendo la cordura y, por ello, tomó la decisión de llevarme con un psiquiatra, pero los estudios realizados no apoyaban su creencia: los especialistas certificaban que no había señal alguna de enfermedad mental. Aun así, mi madre insistía en que mi conducta era anormal, al punto de querer internarme en un hospital psiquiátrico. Esa situación me causaba crisis depresivas que me llevaron a pensar en el suicidio, pero en los momentos más críticos, la fe era el faro que me guiaba entre las tinieblas por las que transitaba.

Un miércoles, cuando me dirigía a la escuela, una señora vestida de blanco se convirtió en mi acompañante de camino. Iba en silencio, ofreciéndome de vez en cuando una sonrisa; unos momentos después, desapareció. Este mismo encuentro se suscitó durante los siguientes dos días. El hecho me pareció normal:«¿Cuántos transeúntes coinciden en ruta o camino?», me dije. Sin embargo, al tercer día, cuando salía de mi casa acompañada de mi abuelita, la presencia de la mujer vestida de blanco me sorprendió y dije:

—Abuela, esa señora tiene dos días siguiéndome, ¡mírala!

Mi abuela atendió mi solicitud y me respondió:

—¿Dónde está?

—¡Mírala, ahí está! ¿Qué? ¿No la ves?

Mi abuela, angustiada, miraba hacia todos lados y reafirmaba:

—¿Cuál señora? No veo a nadie, hija.

La angustia iba en aumento.

—¡Ahí, abuela! Te digo que lleva dos días siguiéndome. ¡Abuela, ahí! ¡Ahí está!

Mi abuelita, totalmente desconcertada, agregó:

—¡Hija, discúlpame, pero no la veo!

El enojo invadió mi ser y, molesta, le comenté:

—A lo mejor estoy alucinando, ¿no crees?

Y la pobre de mi ancianita respondió:

—¡Ay, hija! ¡Sé a qué te refieres, y por supuesto que te creo!

En ese momento comprendí que la señora que yo veía no estaba viva en realidad. Es decir, era un espíritu que por algún motivo me buscaba. En ese momento, decidí enfrentarla, y sin que mi abuela lo percibiera, empecé a cuestionarla:

—Señora, ¿qué se le ofrece? ¿Qué necesita? ¿Por qué me sigue?

Escuché su petición:

—Necesito que me ayudes. Mis hijos andan buscando unos papeles muy importantes. Quiero decirles el lugar donde se encuentran...

La mujer se veía desesperada, y decidí ayudarla. Una vez que me despedí de la abuela, me dejé guiar por la mujer hasta su casa. Al llegar, toqué a la puerta, y enseguida me abrió una mujer madura. Sin saber cómo empezar, y a causa de mi inexperiencia para tratar esas situaciones con delicadeza, dije:

—¡Hola, buenos días! Tengo un mensaje de su mamá. Ella está preocupada por ustedes, porque no encuentran unas escrituras...

Antes de que terminara de explicarle, me interrumpió y, de inmediato, me cuestionó:

—¿Cómo sabes eso? ¿Cómo puedes decir que hablaste con mi madre, si ella murió hace unos días?

—Lo que pasa es que acabo de verla hace como unos veinte minutos —le expliqué—, y su mamá me dijo dónde están.

Incrédula, respondió:

—Estás pero bien loca. Tratas de burlarte de mí, te acabo de mencionar que mi madre murió hace algunos días, así que lárgate, ¡loca imprudente!

Con furia, cerró la puerta, dejándome con la palabra en la boca. La señora, que estaba a mi lado y escuchaba todo, agregó con tristeza:

—Discúlpame por haberte molestado, muchas gracias por todo. —Finalmente, se marchó.

Este acontecimiento me dejó sumamente angustiada. Era la primera vez que sufría una humillación.

Cierto día, mientras cumplía con mis prácticas profesionales—que consistían en turnos de 36 horas— tuve que asistir en cinco partos por cesárea. Fueron suficientes para agotar al personal médico y a los auxiliares que participábamos. Exhausta, por la madrugada me recosté para recuperar fuerzas, pero después de unos breves minutos me dio sed y me levanté para extraer un refresco de la máquina expendedora. Cerca de ella se encontraba un señor de unos cincuenta y dos años. Lo reconocí de inmediato, pues estaba en terapia intensiva a causa de un paro cardiaco. Ocupaba la camilla número seis. Sus familiares eran peculiares, ya que reñían de modo permanente a causa del dinero. A todas horas enfrentaban duras discusiones, sin importar quién escuchara sus problemas. Así que una vez que recordé de quién se trataba, le pregunté directamente:

—¿Se le ofrece algo, señor?

Él respondió con quietud:

—Vengo a hablar contigo. Tienes que hablar con todos mis hijos juntos, para que pueda irme en paz. —A continuación, me explicó lo que debía decirles.

Por supuesto, como siempre, me invadió la duda de cómo hacerlo. Me angustiaba mucho que no me creyeran, y más aun la reacción que podían provocar mis palabras. Incluso con todas mis preocupaciones a cuestas, me comprometí a cumplir con mi promesa.

Volví a verlo al día siguiente, y me cuestionó:

—¿Ya has hablado con mi familia?

—No, no he podido—contesté.

—Vamos—insistió—, tú lo has prometido.

—Más tarde hablaré con su familia, señor—aseguré.

«¿Cómo decirle al señor que tengo miedo?», pensaba, así que decidí expresarlo:

—Mire, señor, no conozco a su familia: ¿cómo le doy su recado? —pregunté, afligida.

—¡Decídelo! ¡Tú me has prometido hacerlo!—contestó con enfado.

Ahora, me cuestionaba: «¿Cómo lo hago? ¡No conozco a esa gente! ¿Qué les voy a decir, Dios mío? ¡Ayúdame! No puedo seguir así».

Unos minutos más tarde, me armé de valor y me dirigí a terapia intensiva para ofrecer ayuda a mi compañera de turno. Ella comentó que podía ayudarla bañando al señor. Cuando estábamos en medio de esa actividad, se acercó la esposa y nos preguntó:

—¿Por qué le hablan? ¿Por qué se molestan tanto en hablarle? No pierdan el tiempo. Terminen y retírense de aquí.

Comenté instintivamente:

—El señor solo quiere despedirse de sus hijos.

Molesta, la señora me reprimió:

—¡Qué impertinente eres! ¿Lo sabías?

Me sentí avergonzada. Por un momento no supe qué decir ni qué hacer. Simplemente, guardé silencio, pero antes de salir de la habitación, me dirigí al señor y le dije:

—Lo siento mucho. Como usted escuchó, yo traté de darle el recado a su familia, pero su mujer me rechazó.

El hombre asintió con expresión triste en su rostro. Esa noche, murió.

Después de aquel fatal incidente, fue frustrante para mí reconocer mis grandes dificultades para cumplir con la solicitud de algunas personas que me buscaban sin saber la razón. A veces llegaba a la conclusión de que requerirían ayuda y un último contacto con sus familiares antes de llegar al Cielo, pero estas eran suposiciones en los momentos en que intentaba aquietar mi espíritu adolorido. Con decepción, comprendí que mis intenciones eran honestas, pero era sumamente molesto que sus seres queridos se negaran a darme la oportunidad de hablar, pues en cuanto empezaba a explicar las razones de mi presencia ante ellos, de inmediato me ignoraban o demostraban un claro rechazo silencioso.

Era tanta mi zozobra de que nadie creyera en lo que estaba viviendo que dentro de mí existía la necesidad de encontrar a alguien con quien compartir el peso de tanto dolor. Mi fe flaqueaba y el suicidio nuevamente parecía una salida placentera. Un momento de lucidez me llevó a la casa de Dios para escuchar misa y confesarme. El sacerdote resultó ser amigo de mi familia y, por ello, con gusto me acerqué para pedirle una confesión. Una vez aceptada, empecé a explicarle con detalle mi congoja, así como la angustia de poseer un don incomprensible. Llegué a percibir la incredulidad y el rechazo en sus últimas palabras:

—Tu madre piensa que ese paro cardiaco te trastornó, pero muy pronto estarás bien. Quítate toda preocupación, ora un Padre nuestro y un Rosario. ¡Qué Dios te bendiga!

Había pensado que mis tribulaciones encontrarían respuesta terrenal en la plática con el cura, pero todo resultó un fracaso. Solo había aumentado mi frustración. Salí llorando del recinto sagrado, repitiendo una y otra vez mi soliloquio: «¿Por qué a mí? ¿Por qué a mí? ¿Qué hago con esto? Voy a dejar pasar lo que me sucede, tal y como si fuera un resfriado. No le voy a dar importancia. Eso es lo que voy hacer. Me quedaré callada. ¡Ya no importa más! ¡No importa más!». Hasta olvidé que caminaba hacia mi casa...

Finalmente, tras una hora de lucha interior, llegué a mi hogar. Ese mismo día visité a mi tía, que tenía un negocio de abarrotes, con la intención de ayudarla y calmar mi voz interna. Mi visita fue una sorpresa para ella:

—¡Qué milagro!—me dijo.

Su actitud me agradó.

—¡Pues sí, es verdad! Tengo el día libre y vengo a ayudarla, eso es todo.

Mientras realizaba mi labor, de nuevo mis reflexiones llegaban a cuestionamientos:«¿Ahora qué sigue?—Como había mencionado antes, no importaba nada—.¡Todo va a estar bien! Ahora que termine mis estudios, me voy a poner a trabajar, y punto». Todos esos hechos le daban inestabilidad a mi vida, por lo que la visita a mi tía me había ayudado a aclarar algunas dudas y a decidir alejarme de mi familia, distanciarme de los desconfiados, aislarme del mundo.

En agosto de 1990 concluí mis estudios. Había pasado un tiempo sin experimentar mis extrañas experiencias y hasta había llegado a pensar que los espíritus eran parte del pasado. Agradecí a Dios su ayuda y que hubiera atendido mis ruegos cuando mi espíritu decaía por la desesperación. En cierta noche, mientras dormía, apareció en mi sueño una persona conocida que requería una despedida. Se trataba del hijo de un tío.

—Habla con mis papás y explícales que estaré bien, que no se preocupen, que ese lugar adonde voy es muy hermoso y que algún día estaremos juntos. Tú ya lo conoces.

Me levanté llorando, muy desconcertada. En ese momento pasaban por mi mente todos los malos ratos que había vivido antes. Para mí, eso ya estaba en el pasado y, después de ver nuevamente a un espíritu, volví a reclamarle a Dios.

Decidí esta vez no quedarme callada, y llamé a mi tío. Tan pronto como lo contacté, le expliqué con delicadeza lo que había sucedido. Furioso, me interrumpió y gritó:

—¿Qué estás, loca? Deja de estar diciéndome tonterías, no quiero que vuelvas a hablarme para eso. Voy a llamar a tus padres para contarles tus estupideces.

Solté el teléfono y me puse a llorar. Esta vez fue tanta la frustración que por primera vez me agredí físicamente. Perdí el control y empecé a golpearme el rostro con las manos. La furia se había apoderado de mí. Continué con mi cabello: empecé a jalármelo con fuerza para arrancarme varios mechones. Luego le grité a Dios:

—¿Qué estás haciendo? ¿Por qué me pasa esto? ¡Contéstame! ¡Contéstame...! Ya no quiero más dolor... ¡Responde! Ya no quiero más dolor en mi vida. ¡Quítame estas visiones! ¿Por qué la gente tiene que morir cada vez que sueño con ellos? ¡Por favor, mi Dios, contéstame! —Me dejé caer en el suelo, llorando a grito abierto.

Después de un largo rato de purgación de penas, levanté mi cabeza hacia el Cielo. Mi rostro estaba inundado en lágrimas. Enseguida, sin que supiera de dónde, apareció una niña con cara angelical que me miraba con ternura apacible. Alrededor de ella había una luz que la hacía verse divina. Su presencia iluminó la habitación y aquietó mis violentas quejas. Una paz inmediata frenó mis lamentos y la fuerza inaudita de mis puños desapareció. Paulatinamente, sentí cómo desaparecía todo dolor. Me di cuenta de que la presencia de la niña era la señal tantas veces solicitada a Dios. La niña clavó sus ojos cafés claros en los míos y manifestó:

—Vas a estar bien, yo te voy a ayudar.

Ávida de respuesta, pregunté:

—¿Acaso eres un ángel?

—Sí, yo soy tu ángel—respondió de modo pacífico—. Dios me envió para ayudarte. Yo te instruiré sobre cómo usar debidamente los dones que mi Padre te proporcionó. Solo tendrás que seguir mis instrucciones cada vez que te lo indique.

Recé, porque al fin podía platicar con alguien de mis experiencias sin ser cuestionada o tachada de loca. Dios me había mandado un ángel para iluminarme, para quitarme toda angustia, para liberarme del pensamiento de que lo que vivía era un castigo.

Por primera vez me sentí escuchada, comprendida y plena, pues el hueco que tenía mi corazón se había llenado. Fue una experiencia colmada de felicidad. Y, como tal, hizo que mi espíritu se sintiera liberado.

Siete días después de que mi ángel se manifestó, tuve que presenciar un acontecimiento desagradable, ya que el sueño que había tenido la semana anterior se había hecho realidad. El hijo de mi tío había enfermado, para luego fallecer. Esto, junto con la manifestación de mi ángel, me llevó a resolver un problema existencial: «¡No estoy loca! ¡No estoy loca!».

Con el paso del tiempo, las experiencias con los espíritus se hacían más frecuentes. Llegué a pensar que el motivo era mi ambiente laboral, pues trabajar en un hospital permite conocer con más cercanía el plano emocional y espiritual de las personas. Por esta razón, se me ocurrió comentarle a mi ángel:

—Creo que el hecho de trabajar aquí, al lado de tantas personas enfermas, me facilita tener encuentros con los espíritus.

Mi ángel me respondió:

—No, no es esa la razón. Tu don es un privilegio, es parte de ti. Sé que aún estás desconcertada pero, con el paso del tiempo, lo entenderás. Debes tener confianza en lo que digo. Por lo pronto, tienes que seguir ayudando a quien te lo solicite.

Como esta respuesta provocó en mí cierta duda, intenté comprobar lo contrario, así que cambié de trabajo. Poco después, me encontraba desempeñando mi profesión de enfermera en una industria maquiladora. Pero fue inútil, nada cambió, seguí experimentando mis vivencias con los espíritus, por lo que tomé la decisión de regresar a mi antiguo trabajo un mes más tarde.

Días después de reincorporarme, una mañana muy bella, cuando me dirigía al hospital se acercó una viejita muy humilde. Estaba pidiendo unas monedas, y se las di con agrado. Ella me agradeció y antes de retirarse, me dijo:

—¡Dios se lo va a pagar!—Luego tocó mi cara y agregó—: Perdón, ya se lo está pagando.

—¿Qué dijo? ¿Por qué me dice eso?—pregunté, admirada por su comentario.

La ancianita completó con ternura:

—Porque tú eres mitad ángel.

Desconcertada con su respuesta, guardé silencio y proyecté una sonrisa sutil. Ese fue el primer elogio de una persona, que después de sonrosarme por la vergüenza, llenó mi corazón de humildad y agradecimiento.

A finales de diciembre, se presentó en sueños un señor desconocido para mí. Me dio tres recados: uno para su madre, otro para su padre y uno más para su hermano. Cuando concluyó, de inmediato le dije:

—Ni siquiera lo conozco a usted, mucho menos a su familia.

Antes de retirarse, añadió:

—No se preocupe en este momento por mi identidad, mañana me conocerá.—Luego, se retiró.

Unas horas más tarde, traté de convencerme de que había tenido un sueño, uno muy lúcido. De hecho, le comenté a mi ángel sobre la conversación que había sostenido con el señor y que recordaba al detalle, y ella me dijo:

—¡Qué bueno que recuerdes todo! Porque lo vas a necesitar para ayudar a su familia.

Me dirigí al hospital. Posteriormente, realicé mi plan de actividades y, junto con una compañera, inicié la jornada del día. Mientras caminábamos, hablábamos de trivialidades que nos hacían reír, pero al acercarnos a las habitaciones de los pacientes, decidimos suspender nuestro bullicio, pues había personas delicadas de salud. Nuestros pasos se hicieron más sigilosos al llegar a la habitación donde se encontraba un señor bastante enfermo y a quien le molestaba el ruido. Compartiendo como código de comunicación una fugaz señal, entramos a la habitación de aquel hombre para darle su medicina y hacerle su curación. Una vez en el cuarto, quedé muda por la sorpresa: el paciente era el señor que había visto la noche anterior. Fue tanto el asombro que incluso las vendas que llevaba se me cayeron de las manos.

Me disculpé con nerviosismo, y él sonrió. Luego, con mucha dificultad para hablar, me habló:

—¿Cómo está? ¿No se le olvidó nada?

—No, señor—contesté.

Mi compañera nos miró con desconcierto, y preguntó:

—¿Lo conoces?

—No, no lo conozco—le respondí.

Enseguida, su familia entró también a la habitación. Eran sus padres, quienes de inmediato se acercaron a su cama.

—¡Te ves mejor!—exclamaron.

Él sonrió y dijo lentamente:

—Ya estoy listo para irme.

Ellos solo lo miraron sin comprender lo que decía en ese momento. A los pocos minutos, el doctor entró al cuarto y le indicó:

—Hay que ponerte un sello de agua. Mañana te haré la cirugía.

—¿Para qué, doctor? No tiene caso. Estoy listo para cuando mi Dios me llame.

—Lo sé, pero hay que hacerle la lucha—replicó el médico.

—Bueno, hagan lo que quieran—respondió él con indiferencia.

Nosotras terminamos las curaciones y cuando salíamos, me indicó:

—No se le olvide lo que me prometió.

Asentí con un leve movimiento de cabeza.

A la mañana siguiente, le practicaron la intervención quirúrgica. Pero fue inútil: falleció. La familia estaba inconsolable, así que con mayor razón me acerqué a sus integrantes para darle a cada uno el mensaje del señor. Los padres lo recibieron con bien y me lo agradecieron. No obstante, cuando me aproximé a la persona más joven, esta se me quedó mirando y me increpó:

—¿Te puedes ir, por favor? ¡No me interesa lo que quieras decirme!

En el fondo, y a pesar de haber sido rechazada, yo tenía la seguridad de haber cumplido con mi promesa. Y aunque el llanto contenido me abatía, me dije: «¡No llores! ¡No llores! Hiciste lo correcto».

Entonces, me retiré para continuar con mis responsabilidades.

Esa misma noche, cuando me disponía a dormir, mi ángel llegó para hacerme compañía. Había llegado el momento de salir de algunas dudas, en particular sobre esos sueños premonitorios, y le pregunté:

—¿Cómo es que puedo hablar con esas personas cuando duermo, si todavía no han muerto?

Su respuesta fue presentada con firmeza:

—Mira, Claudia, el don que Dios te otorgó tiene un fin preciso: permitir que a través de ti se establezca un enlace entre ellos y sus familiares, antes o después de morir. Los motivos que tiene cada persona para contactarte pueden variar, pero recuerda que mucho depende de la fe que tengan sus familiares. De lo contrario, tu ayuda será en vano.

»Tú has vivido infinidad de veces el rechazo de los incrédulos, y por eso tienes que aprender a ser fuerte, para poder superar las ofensas que recibes. Estás cumpliendo cabalmente con la encomienda que Dios te ha dado. Lo demás, te reitero, ya no depende de ti, sino de la fe que esas personas posean.

»Con respecto a la aflicción que te causa desconocer cómo sucede el enlace entre ellos y tú, puedo explicártelo de manera sencilla: esas personas pueden contactarse contigo porque su espíritu se puede desprender de su cuerpo, ya que se encuentran a punto de morir. »Solo en esas circunstancias pueden llegar a tu sueño o presentarse cuando te encuentras despierta. Los seres celestiales les informan acerca de tu misión, con la intención de que en caso de que necesiten alguna ayuda para comunicarse con sus familiares, acudan a ti. »Además, tú tienes un brillo muy especial que emana de tu cuerpo y que únicamente los espíritus pueden detectar al mirarte. Sin embargo, quiero decirte que ese beneficio es otorgado por Dios como un privilegio solo a aquellos individuos que hayan llevado una vida recta—y antes de concluir este discurso, se retiró, diciendo—: ¡Claudia, nunca pierdas la fe en Dios! Te pido que tengas paciencia hasta que llegue el tiempo en el que podrás entender por qué las cosas suceden de esta manera. Descansa, y hasta mañana.

Aquella explicación disipó muchas de mis interrogantes. Confirmar que yo era un enlace entre la vida terrenal y la vida espiritual me hizo sentir privilegiada. Mi ángel me había dado la confianza para aceptar la encomienda que Dios me había encargado, y aunque no entendía por qué era una elegida para una misión tan hermosa, la aceptaba con humildad, amor y fe. Esta aclaración fue, para mí, el principio de una nueva vida, una vida con un sentido humanitario, dedicada al servicio de los demás y de Dios.

También tenía otros privilegios: salud y, como agregado, un trabajo que me hacía sentir satisfecha. Además, contaba con mi ángel maravilloso, una niña adorable que nunca me dejaría sola. Desde ese momento entendí que tenía que entregar el mensaje que los espíritus mandaban a sus familiares, sin importar lo que la gente especulara. Sabía que me encontraría con personas que recibirían los mensajes con el corazón abierto, pero también que existirían personas incrédulas y faltas de fe. No obstante, por primera vez estaba dispuesta a continuar mi camino sin sufrimiento, con el corazón alegre, entregada a una misión para con los demás y, por supuesto, para con Dios.

El primer paisaje que observé cuando fallecí en el año 1989: una cascada bellísima y espectacular.

EL FALLECIMIENTO DE MI SUEGRA

En el año 1994 conocí a mi esposo. Durante muchos años de casada, le oculté mis vivencias a causa de la incertidumbre de que él no creyera que yo tenía tales encuentros con los espíritus; pensaba que eso podía afectar nuestra relación. Solo le mencioné sutilmente que Dios me había dado una segunda oportunidad de vida luego de una intervención quirúrgica. Asumía que si le contaba mis experiencias con detalle, se alejaría de mi vida. Mi marido nunca sospechó nada de lo que me sucedía, pues los encuentros con los espíritus eran esporádicos. Al respecto, los únicos comentarios que llegué a recibir de su parte fueron sobre mi forma de dormir. Mi esposo me preguntaba las razones por las cuales en ocasiones, mientras dormía, hablaba sola. Sin embargo, mi conducta nocturna llegó a convertirse en un hábito cotidiano que aceptaba con naturalidad.

Mi vida oscilaba entre la vida familiar y mis responsabilidades. Pronto tuve que tomar una decisión determinante: iniciar mi preparación para poder trabajar en los Estados Unidos. Para ello, era necesario cumplir con todos los requisitos que solicitaba aquella nación y obtener mi licencia como enfermera. Y así fue. Dediqué todo mi entusiasmo y responsabilidad a cumplir con ese objetivo que parecía una estrella que me esperaba en el firmamento, luego de varios años de estudio. Por fin, en el año 2003 pude alcanzar mi lucero tan adorado. Al recibir mi licencia, me contacté con los abogados para realizar los trámites migratorios que me llevarían a cambiar de residencia en compañía de mi familia.

Durante siete años, todo marchó perfectamente. Estaba feliz de permanecer con mi familia, tenía nuevas amistades, vivía en un país que me había otorgado un trabajo, superación personal y estabilidad económica.

Hasta que el 6 de febrero de 2010 tuve una premonición que impactaría en mi vida y la de mi familia, cuando fui sorprendida por situaciones que nunca había imaginado que experimentaría. En un sueño, mi suegra me pedía que realizara varias encomiendas para la familia. Me desperté llorando y sudorosa, como a las 2.30 de la mañana. Al tomar conciencia de mi sueño, continué sollozando en silencio, por temor y pena a que me viera mi esposo. Pero, además, porque se trataba de una premonición en la que su madre era la protagonista.

Me levanté para calmar mi inquietud y me dirigí al baño a limpiarme las lágrimas. Mientras esto hacía, el sueño se repetía en mi mente con sorprendente nitidez. En él me veía en casa de mi suegra, donde las dos nos encontrábamos en la sala, cercanas a la mesa del centro. Ambas sosteníamos entre nuestras manos unos pequeños platos de cerámica que contenían una rebanada de pastel de cajeta con nuez, y mientras mi suegra terminaba su rebanada, la mía permanecía intacta. Al mismo tiempo, ella me decía, mientras levantaba un poco su lindo vestido y se tocaba las extremidades inferiores:

—Mira, hija, ya no sufro de dolor en las piernas y no tengo que tomar tantas pastillas. De verdad me siento muy bien.

Yo escuchaba atenta los mensajes para la familia. Uno de ellos consistía en pedirles que le compraran unos zapatos de piso blanditos, porque iba a caminar mucho. Asimismo, daba otros mensajes más relacionados con objetos personales y algunos documentos.

Al concluir su discurso, yo le preguntaba, con sobresalto:

—¡Suegra! ¿Por qué me dice todo esto? Me inquieta.

Evitando alimentar mi preocupación, me anunciaba:

—¡Ya es hora de descansar, hija! ¿Cómo me veo? ¿Quedé bien?

—Claro que sí, suegra, se ve guapísima—le respondía.

Ella solo sonreía y tomaba de la mano a mi ángel, vestida con un vestido blanco con encajes, que unos instantes antes había estado también sentada en el sillón, luego de que mi suegra le llamara la atención por brincar en el sofá.

Al emprender la retirada, la pequeña niña me miraba profundamente y también sonreía. Levantaba su manita y me decía adiós.

¡Siempre he de recordar la felicidad que ambas irradiaban durante su paso!

Pero al llegar a la puerta, mi suegra se detenía y, mirándome a los ojos, me pedía:

—Hija, prométeme que no le dirás nada a mi hijo de nuestra plática hasta que yo te lo diga.

Yo asentía con mucho desconcierto, y las dos continuaban su camino. Al salir de casa, una luz sin igual las rodeaba durante su trayectoria. Finalmente, se desvanecían.

Amaneció, y mientras esperaba la llegada de la hora para asearme, prepararme y trasladarme al trabajo, mi esposo se levantó e, impresionado por mi semblante, que mostraba unas profundas ojeras, me preguntó:

—¿Qué te sucede? ¿Por qué te ves tan preocupada? ¿Qué te pasa?

—Anoche no pude dormir. Además, me duele mucho la cabeza —le respondí, titubeante y temerosa.

En ese instante sentí la necesidad de platicarle el sueño, pero el deseo de llorar y la confusión de emociones encontradas por tratarse de mi suegra me lo impedían.

Durante el trayecto hacia mi trabajo, seguía evitando la conversación y no lo miraba a los ojos, para que no percibiera mi angustia. De pronto, volvió a interrogarme:

—¿Qué es lo que tienes? Confía en mí. ¿Qué pasa contigo?

—Lo que pasa es que no tengo ganas de ir a trabajar y no me siento bien. Creo que me estoy resfriando—le respondí.

Al escuchar mi comentario, me miró de reojo y guardó silencio.

Yo seguía con deseos enormes de contarle todo. También sabía que no podía fallarle a mi suegra. Al fin, llegamos a mi lugar de trabajo. Antes de bajarme del auto, pude ver el desconcierto reflejado en su cara. Él tenía el conocimiento de que yo realizaba mi trabajo con gran entusiasmo, y ese era el motivo por el cual no entendía mi último comentario. Luego rompió el silencio y me recomendó que al llegar al hospital, tomase unas pastillas para aliviar mi malestar. Agradecí su preocupación y me marché. De inmediato, me invadió el llanto, pues un funesto presentimiento invadía mi corazón.

Como a las nueve de la mañana, mi esposo fue al hospital por una receta. Tenía que adquirir un medicamento para su madre, que estaba internada debido a sus problemas con el cáncer. Cuando salí para entregarle la receta, sentía la necesidad urgente de platicarle el sueño que había tenido con anterioridad, pero algo nuevamente me lo impedía: mis palabras se entrecortaban y mostraba una tartamudez incomprensible.

Mi marido no entendía lo que le estaba tratando de comunicar, así que mi impotencia por aquel hecho se proyectó en llanto. Ante mi deprimente condición, me preguntó, asustado y con cierta desesperación:

—¿Por qué lloras? ¿Qué te pasa?

No supe qué decir, solamente lo miré atónita.

—¿Por qué lloras? ¿Qué te pasa?—insistió.

Mi respuesta era el silencio. No salían las palabras y lo único que podía hacer era mirarlo. Él fijó su mirada con detenimiento y expresó:

—¡Claudia, te ves mal, tienes que visitar al médico para que chequen tu presión! ¡Piensa en tus hijas!

Por último, se retiró, y yo empecé a llorar de impotencia, por no poder narrarle mi sueño. La situación era muy delicada, pues este parecía anunciar la muerte de su madre. Cuando me dirigía hacia mi área de trabajo, ahí estaba mi suegra, caminando a mi lado, y de inmediato me dijo:

—Me prometiste no decirle nada a mi hijo hasta que yo te avisara. Esto que te sucedió fue por romper nuestra promesa, —Y se marchó.

En el hospital tampoco faltaron los comentarios. Mi semblante era tan preocupante que mis compañeros de trabajo se acercaban a mí para averiguar las razones de mi abatimiento, pero en ese tiempo mis compañeros desconocían aún los dones que Dios me había otorgado para ayudar a las personas. Por tal motivo, no podía manifestar mi profundo pesar.

A las once de la mañana me llamó mi esposo, quien me informó que había recibido un aviso de su hermana. Ella le pedía que se trasladase con rapidez a Chihuahua, porque su madre se encontraba gravemente enferma. Al colgar el teléfono, me desplomé emocionalmente y mi llanto afloró, pues sabía que ese sueño se hacía realidad.

De inmediato hice los preparativos para dejar mi lugar de trabajo y, sin demoras, nos trasladarnos a la capital de Chihuahua. Durante el trayecto, mi marido se veía preocupado y tenso. Cuando faltaban tres horas para llegar, me fue imposible guardar más la compostura, y la angustia se apoderó de mi ser. El llanto acumulado estaba listo para fluir, y era tanto que empezó a emerger con fuerza, seguido de mi confesión. Por primera vez le describí el sueño que había tenido la noche anterior. Su rostro se tornó triste y su mirada se perdió en la línea de la carretera, mientras escuchaba en silencio mi narración. Yo me sentía terriblemente mal, ya que se lo podría haber dicho con anticipación y así el habría tenido la oportunidad de despedirse de su madre, pero había sido la última voluntad de mi suegra, y las cosas tenían que ser justamente como estaban presentándose.

Después de dieciséis años de matrimonio, pude hacer de mi esposo un confidente. Volví hacia el pasado para recordar aquel momento en el que mi espíritu salió del cuerpo durante doce minutos. Compartir esta experiencia con el ser que más amo en el mundo me quitó un peso de encima. Mi esposo, en silencio y respetuosamente, me escuchaba con detenimiento. Creía totalmente en mí.

Ya en el hospital, el primero en recibirnos fue el hermano gemelo de mi esposo, quien nos brindó una bienvenida con un fuerte abrazo. Las primeras palabras que salieron de su boca fueron:

—Mi mamá se fue.

Mi marido, con lágrimas en los ojos rojizos e hinchados, respondió:

—¡Ya lo sabía, hermano!

Y volvieron a abrazarse para compartir un dolor que iba a durar mucho tiempo. Caminamos hacia la capilla, donde se encontraban los restos de su madre. Decidí no comentar nada acerca del sueño y acompañar a mi marido en su dolor, pues en este momento comenzaba a llorar como un niño sin consuelo. Cuando entramos a la capilla, pudimos ver el cuerpo inerte de mi suegra, colocado sobre una camilla. Ver a mi esposo acariciando su rostro y cabellera con tanta ternura me hizo sentir mal, ya que habría podido acariciarla cuando aún continuaba con vida.

Llegó la hora de retirarnos hacia la casa de mi suegra. Entonces, arribó la abrumadora realidad que no podía evadirse. Cuando entramos a su hogar, sentir su ausencia física nos abatió a todos por igual. El simple hecho de no escuchar su voz particular de bienvenida nos causaba mucha tristeza.

A partir de esa misma noche empezaron a suceder cosas extrañas para ellos, pero conocidas y naturales para mis ojos. Debido a que su familia no sabía de mis percepciones, procuré ser prudente y guardé silencio, por temor a que no creyeran en mis palabras.

Nos retiramos a la recámara para intentar dormir un poco. Sin demora, mi esposo cayó profundamente dormido. A mí, en cambio, me era imposible conciliar el sueño. Tiempo después llegó mi suegra y empezó a acariciar a mi esposo con mucha ternura. Mientras yo observaba cómo expresaba su amor maternal, mis lágrimas emergieron. Al mismo tiempo, me daba indicaciones para su hijo. Fue en ese momento que, de modo repentino, él se levantó, agobiado por un calor intenso que emanaba de su frente, y expresó:

—¡Está muy alta la temperatura del calentón! Sentí como que algo me quemaba la frente.

En ese mismo instante, le respondí:

—¡Es tu mamá, que está acariciándote!

—¿Mi mamá? ¿Dónde? ¿Dónde está?—preguntó, entre sorprendido y desesperado.

—Parada frente a ti—precisé.

Obviamente, no podía verla.

—¡Levántate!—le dije—.Vete con tu hermano y acuéstate con él. Tu mamá te va a seguir para acompañarlos en su sueño.

Así lo hizo. Semidormido y con el dolor que le pesaba como una gran roca, se retiró a la habitación de su hermano. Mi suegra caminaba detrás de mi marido. Esa noche, mi suegra estuvo con sus hijos, acariciándolos y protegiéndolos.

Temprano, nos preparamos para realizar los arreglos para el funeral y el entierro de su madre. Como a las siete de la mañana, antes de dirigirnos a la capilla donde encontraban sus restos, continuaron las manifestaciones de la presencia de su madre. Una de las cosas que hizo fue apagar el calentón. Mi esposo se percató del extraño incidente.

—¿Quién apagó el calentón?—preguntó—.¡Hace mucho frío!

Los niños, asombrados por la reacción de mi esposo, contestaron:

—Nadie. A lo mejor fue el viento, papá.

Creyendo y aceptando los argumentos de los niños, volvió a encenderlo. Minutos después, mi esposo entró al baño para afeitarse y, como a los cinco minutos, regresó. Al entrar a la recámara, notó que había vuelto a pasar lo mismo. Se sorprendió. La habitación estaba vacía y, solo por curiosidad, repitió la pregunta:

—¿Quién apagó el calentón?

—Nosotros no fuimos, papá. No hemos entrado al cuarto —respondieron presurosamente los niños, enfadados.

Él guardó silencio. Su rostro mostraba desorientación. Francamente, no le hallaba lógica a lo sucedido.

Cuando regresé a la recámara, mi esposo me expuso lo sucedido y, mirándome a los ojos, inquirió:

—¿Es mi mamá, verdad?

Tenía la mirada clavada en mis ojos. Asentí. En su rostro se dibujó una sonrisa de felicidad.

—Sabía que era ella—comentó—.Mi madre vino a cumplir una promesa que me hizo aproximadamente hace un mes. Por extraño que te parezca, ella se comprometió a darme a conocer a través de señales si existía vida después de la muerte, y me da un gusto profundo percatarme de su presencia, enterarme de que está aquí brindándonos su amor y protección.

Y así era: el espíritu de mi suegra estaba entre nosotros. No habíamos sido los únicos que la habíamos percibido. Otros miembros de la familia la habían visto caminando o habían escuchado su risa alegre.

Esa noche estuvo haciéndome compañía y platicamos sin que nadie lo notara. Estaba muy cerca de mí, y su esencia era maternal y acogedora. Las manifestaciones constantes después del fallecimiento de mi suegra eran las evidencias de que estaba a nuestro lado; la aparición de un delicado aroma a flores que se dispersaba por su hogar a todas horas se convertía en una prueba permanente de su presencia espiritual. A veces este aroma estaba acompañado por una esencia a jazmín, que la familia relacionaba con el perfume de la madre de mi suegra. Ahora eran dos olores diferentes. Ambos aromas estaban ahí, como un ejemplo de su visita, su bienestar y su complacencia.

Dos días después del deceso de mi suegra, mientras buscaba unas pertenencias en su hogar, descubrí una fotografía que jamás había visto. Se trataba de una imagen cercana que conocía desde hacía veintiún años: mi ángel. Fue sorprendente descubrir que mi ángel de la guarda, tan adorada, era precisamente la hermanita de mi esposo. Ella había fallecido de cáncer a la edad de siete años: hacía treinta y siete años que había muerto. Su nombre era Susana Alejandra Lugo. Con el descubrimiento de la foto, pude comprender el motivo por el cual mi ángel aparecía al lado de mi suegra. La razón era sencilla de entender: era su madre.

Existía también, por obra de Dios, una coincidencia extraña que, con el paso del tiempo, mi marido y yo descubrimos. Entre charlas y especulaciones, pudimos creer posible que nuestro encuentro, e incluso nuestro matrimonio, podía haber sido planeado por mi ángel de la guarda, pues yo la conocí cuatro años antes que a él. ¿Era posible que nuestro destino fuera estar juntos…? Sí. Más adelante, la propia niña confirmaría nuestras conclusiones. Nuestros destinos habían sido dirigidos para estar juntos en una misión humana y celestial muy hermosa. Mi esposo debía ser mi apoyo.

Por fin, aquellas palabras proféticas pronunciadas por mi ángel tiempo atrás ahora se hacían realidad: «A su debido tiempo, tu esposo estará al tanto de tus dones y creerá en ti».

Había llegado el momento de que mi esposo, a través de las diferentes manifestaciones experimentadas en nuestro hogar, tuviera plena certeza de que los seres humanos poseemos no solo un plano físico, sino también uno espiritual. Yo estaba muy contenta de saber que mi marido estaba convencido de ello y podía creer en mis experiencias con los espíritus. Tenía al ser que más quería como confidente. Al fin había encontrado el camino para fortalecer la confianza en mí y mis dones.

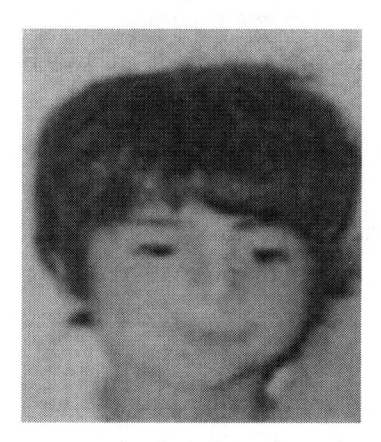

Foto de mi ángel.

Mi ángel nació en la ciudad de Chihuahua, Chihuahua, México, el 16 de diciembre de 1965, y murió a consecuencia de cáncer el 3 de enero de 1973, a la edad de siete años.

Cierta mañana, algunos de nosotros teníamos una gran duda: ¿qué le había pasado a mi suegra meses atrás? Ella vivía sola en su casa y, de manera repentina, se fue a vivir con una de sus hijas. En seguida cayó en una depresión profunda y, como resultado, se negó a regresar a su hogar. Después de varios tratamientos psicológicos, y más aun con la aparición de su enfermedad, tomó la decisión de retornar a su casa, donde pasó los últimos meses de su vida. En su corazón tenía el presentimiento de que no le quedaba mucho tiempo. A los siete meses de su regreso, murió.

Pero nuestra duda estaba vinculada con la causa que la aterraba y que la había obligado a abandonar su hogar. Algunos integrantes de la familia de mi esposo empezaron a especular sobre el comportamiento de mi suegra en los meses anteriores. Uno de ellos aseguraba que percibía energía negativa en un pasillo y, por tal motivo, le producía miedo ingresar a esa área. Otros decían que se encontraban entes malignos rondando la casa, ya que, debido a la muerte de mi suegra, se había abierto un portal a otra dimensión.

La sugestión empezó a apoderarse de ellos, y mi ángel me propuso que investigáramos los hechos; dijo que sería lo mejor.

En una oportunidad me senté cómodamente en el piso del temido pasillo. Cerré los ojos y, con la ayuda de mi ángel, pude ver lo que había pasado meses atrás. Con su pensamiento, colocó en mi mente algunas imágenes, a manera de película. En una de ellas, identifiqué a un señor de edad madura que salía violentamente de una de las habitaciones que daba al citado pasillo, llevando un objeto de valor entre las manos, y desaparecía con rapidez. Esto me provocó un miedo extraño, por lo que decidí concluir la experiencia. Asimismo, tuve la necesidad de hacerles una descripción de esas imágenes a mi marido y a mi hija.

Cuando describí al hombre que había visto, mi marido creyó saber de quién se trataba y recordó haber conservado una fotografía de esa persona. En cuanto me la mostró, reconocí su rostro: era el del hombre que se encontraba en las visiones expuestas por mi ángel y el mismo que aparecía en un sueño que mi suegra me había mostrado anteriormente, y que no había podido terminar, por temor. Estos acontecimientos fueron el puntapié para que ambos lleváramos a cabo una investigación acerca del paradero del señor en cuestión. Queríamos saber si estaba vivo o muerto.

Muy rápidamente, obtuvimos resultados. Nos enteramos de que ese hombre vivía y gozaba de perfecta salud.

Nerviosa, ese mismo día le expliqué a mi esposo que su mamá quería mostrarme el sueño completo que anteriormente le había descripto y que me daba tanto temor. Le pedí que me despertara si escuchaba quejidos o ruidos. Mi esposo me prestó total atención y se comprometió a ayudarme y a seguir mis instrucciones al pie de la letra.

Me acosté, y a los pocos minutos de haber conciliado el sueño, llegó mi suegra y me dijo:

—Dame tus manos, hija, debemos concluir lo que hemos comenzado.

A continuación, vi nuevas imágenes que fueron muy desagradables, dolorosas e insoportables para mí. Por más que quería escapar de esa vivencia, no podía hacerlo, y aunque intenté ayudarla, no podía intervenir, pues era una experiencia que había tenido en el pasado.

Cuando las escenas concluyeron, me desperté llorando, desesperada.

Lo vi todo. Ahora comprendía la angustia que durante mucho tiempo mi suegra había padecido, y que la había llevado incluso a la depresión y a cambiar de residencia en un par de ocasiones, hasta que se detuvo a esperar su muerte.

Por la mañana, expuse dichas visiones a mis seres queridos, quienes posiblemente dudaron de ellas. No obstante, para mí había sido una oportunidad de conocer un poco más acerca del Cielo y el plano espiritual. También descubrí un nuevo don, el de la clarividencia, que me permitía trasladarme al pasado de cualquier espíritu que solicitara mi ayuda.

Con el transcurso de los días, mi suegra se hacía acompañar por mi ángel para mostrarme lo que hay en el primer Cielo. Y aún faltaba mucho por aprender. Esta experiencia espiritual era el principio de algo maravilloso. Aunque parezca raro, mi ángel me había dado tanta confianza que un día le pregunté:

—¿Crees que Dios me dio una segunda oportunidad al devolverme a la Tierra por alguna razón en particular?

—Creo que sí, creo que aún tienes dones que Dios te dio y que todavía no has descubierto, pero yo te ayudaré. Aunque todo será a su tiempo, no hay apuro. Por ejemplo: tú puedes dar paz y tranquilidad sin saberlo, pero yo te enseñaré y orientaré para que hagas un buen uso de tus dones—me dijo.

A partir de esta revelación, nos propusimos brindar ayuda espiritual a las personas que estuvieran angustiadas por la pérdida de algún ser querido y necesitaran ponerse en contacto con él. Esa era solo otra parte de nuestra misión. Mi ángel solo requería saber su nombre y su fecha de nacimiento: con estos datos podía ir al Cielo en su búsqueda y hablar con él, y luego ellos podían comunicarse conmigo.

Para realizar este contacto espiritual, era necesario que mi ángel me enseñara cómo separar el espíritu de mi cuerpo. La primera vez que lo hice, caminé por mi casa. Me trasladé hasta la sala, donde se encontraba mi esposo, viendo la televisión. En el otro cuarto estaba mi hija, jugando. Sentir el espíritu liberado del cuerpo me provocó miedo, así que volví a mi cama, donde mi cuerpo permanecía postrado. Una sensación extraña me invadió al saber que mi espíritu podía caminar por toda la casa y, al mismo tiempo, ver el cuerpo del que se había separado.

Al despertar por la mañana, de inmediato le platiqué a mi esposo y a mi hija cómo había estado fuera de mi cuerpo durante la noche anterior.

—¿Cómo que estabas afuera de tu cuerpo? ¿Y cómo hiciste para salir de él?—preguntó mi esposo, extrañado.

—Tu hermanita anoche me enseñó cómo hacerlo, y se siente raro —le expliqué.

Mi ángel me había aclarado:

—Claudia, te reitero que es necesario hacerlo para tomar la mano del espíritu. De esta manera, te trasladarás a su pasado y podrás enterarte de los eventos más importantes de su vida terrenal, así como de lo que vivió después de partir al paraíso. Con el tiempo te acostumbrarás a esa nueva sensación.

Entonces, surgió otra pregunta para mi ángel:

—Dime ¿cómo fue que mi suegra tomó mi mano, si no me acuerdo de haber estado fuera de mi cuerpo y, según lo recuerdo, estaba soñando?

—No necesitas tener conocimiento de todo, Claudia, son cosas que no entenderías y que además no te puedo decir. Tú ya lo sabes.

Entendí su respuesta como un llamado de atención.

—Está bien, no haré más preguntas, pero la verdad, no alcanzo a comprender nada—agregué con seriedad.

—Todo a su tiempo. Cómo eres desesperada...—replicó.

Después de algunos días de preparación, estaba lista para utilizar ese nuevo don. Mi ángel y yo comenzaríamos a prestar ayuda a nuestros semejantes como una misión y un compromiso permanentes, pero, por ser una encomienda de Dios, «no se debía cobrar a nadie por las ayuda otorgada».

Después de pasar por tantos sentimientos encontrados durante años, con el fallecimiento de mi suegra, mi ángel dejo de ser un secreto. A partir de ahí, se convirtió en una compañía positiva, inspiradora y permanente desde el amanecer para mi familia. Ambas realizábamos la rutina diaria del aseo, el desayuno y las labores que implican trabajar en un hospital atendiendo a niños enfermos. De camino al trabajo, nos comprábamos nuestro café favorito y lo disfrutábamos durante el trayecto. Luego atendíamos a los pacientes e incluso jugábamos con ellos. Nuestra estancia en el hospital era placentera: dábamos el cien por cien. Era una bendición de Dios también tener una profesión dedicada a la atención de los niños.

Cuando finalizaba mi jornada laboral, mi esposo regresaba por nosotras para retornar al hogar. Al llegar, cenábamos y disfrutábamos de la convivencia familiar: cocinar, preparar pendientes, ver y comentar los programas televisivos. Finalmente, nos retirábamos para descansar.

Durante el sueño, mi ángel invitaba a mi espíritu a abandonar mi cuerpo para continuar platicando sobre asuntos de la familia. Tenía la fortuna de seguir teniendo comunicación con mis seres queridos. Mi suegra me visitaba seguido para conversar. Para mí, era muy bonito seguir haciéndolo, y nos acordábamos de los momentos cuando trabajamos juntas en el mismo hospital. Mi suegra me contaba cómo se iban poniendo las flores que tenía en el Cielo, que cada vez eran más bonitas. Me daba recados para sus hijos, que yo transmitía con agrado. Aunque algunos sí los decía, otros los reservaba en secreto. Siempre me orientaba y decía que solo teníamos que continuar, y que ella estaba muy orgullosa de nosotras. Especialmente de mi ángel, a quien amaba profundamente.

LOS MENSAJEROS DE DIOS

No había duda, Dios se encargaba de enviarme mensajeros para que yo nunca olvidara que mi existencia estaba destinada a cumplir con sus designios. Nunca olvidaré lo que me sucedió aquel jueves, día en que se oficiaba misa en la capilla del hospital.

Era las seis de la tarde, mi ángel y yo íbamos apresuradas porque nunca me gustaba llegar tarde a la misa. Sin embargo, estábamos con atraso. Al arribar a la capilla, vi que afuera se encontraba un señor de edad avanzada. Cuando iba a entrar, le dije:

—Entre a la capilla. Si quiere sentarse usted, allá hay un lugar disponible. Yo espero a que se desocupe otro lugar—continué—, de todas maneras, estoy trabajando, y en cualquier momento me pueden hablar y tengo que abandonar la capilla.

—Mejor siéntate tú, hija—me respondió con caballerosidad.

—Entonces, véngase—agregué—.Creo que si nos sentamos juntitos, podemos caber los dos perfectamente.

—Está bien, hija, te sigo—dijo, aceptando mi propuesta.

Cuando nos sentamos, pronunció tiernamente:

—Dejé un huequito para su angelito hermoso, para que se pueda sentar.

En realidad, no lo tomé mucho en cuenta, pero imaginé que él podía percibir a los espíritus. Mi ángel solo guardó silencio, para escuchar el sermón del sacerdote.

Mientras el cura daba la homilía, había atrás de nosotros unas señoras, dialogando. Una de ellas comentó:

—No entiendo por qué dicen que el Cielo se abre cuando el padre dice «Y se abre el Cielo». Yo no veo nada de eso.

El señor disgustado, comento:

—Para verlo, hay que tener mucha fe y creer en él. De lo contrario, no lo verán.—A continuación, dirigiendo su mirada hacia mí, agregó—: ¿Tengo razón, hija? ¿A poco no está hermoso el Cielo?

—Sí, muy hermoso—le contesté.

Una vez que hubo terminado la misa, antes de retirarnos, el señor me dijo, mirándome a los ojos:

—Hija, muchas gracias por tus atenciones con este viejecito. ¿Sabías que tú estás marcada por Dios?

Yo solamente le contesté en tono de broma:

—Sí, ¡como una res!—Luego, le di las gracias.

Entonces comentó:

—¿Tenías conocimiento de lo que el Creador mandó a escribir en piedra hace miles años? Grandes enseñanzas de Dios respecto a la vida después de la vida. Ahora tú lo harás en papel para cambiar la existencia de muchas personas, aunque sé que ya lo haces.

Su comentario me sorprendió, debido a que en ese momento todavía estábamos en pláticas para la elaboración de un libro, el cual se llamaría *Una mirada al Cielo*. Sin embargo, su comentario sobre el proyecto literario me resultaba extraño, pues ni mi esposo ni yo lo habíamos conocido o visto con anterioridad.

Luego, agregó:

—Que Dios te bendiga, hija mía. ¿Te puedo dar la bendición?

Mi respuesta fue afirmativa, y él me plantó un beso en la frente. Para finalizar la conversación, me pidió:

—¿Me puedes dar tú la bendición, hija?

—Claro—respondí, y cumplí con lo solicitado.

—Gracias por tu bendición—dijo—, necesitaba que tú me la dieras para irme tranquilo.

Le agradecí una vez más, y nos despedimos. Entonces, le comenté a mi ángel:

—¡Vámonos, hija! ¡Casi es la hora de salida y hay que preparar las notas para irnos temprano!

Nos fuimos rápidamente con nuestros pacientes. En el elevador se encontraban las señoras que estaban sentadas atrás de nosotros durante la misa.

De reojo, alcancé a ver que una de ellas se cubría la boca con la mano, mientras murmuraba:

—Mira, esa es la enfermera que estaba hablando sola.

El comentario hizo que me diera cuenta de que el señor aquel era un espíritu y, por lo tanto, imperceptible para ellas. Gracias a que yo tengo la habilidad de verlos como a cualquier persona, no me extrañó: estaba atenta al sermón y nunca lo percibí de esta manera, así que solamente le pregunté a mi ángel:

—¿Lo notaste, hija?

—Sí, pero no te dije nada porque Dios te lo envió para darte confianza—contestó—. Siempre ha sido así. ¿Recuerdas a Rosario, aquella mujer que se te acercó para darte unas palabras de aliento antes de entrar a la sala de operaciones? ¿Y a la viejita de las monedas?

Asentí.

—Déjame decirte que la primera de ellas era la virgen del Rosario —continuó—, y a la viejita te la envió nuestro Creador porque en ese momento te encontrabas muy confusa con lo que estabas experimentando. Incluso no hallabas el rumbo en tu vida, a pesar de que yo estaba a tu lado.

Dialogar con ese hombre me hizo sentir bien. Después de una hora, entregamos nuestros pacientes a la enfermera de turno y nos retiramos hacia nuestro hogar.

Ya en casa, le narré a mi esposo la experiencia con el viejecito, y él me comentó:

—Si Dios te lo envió, es porque a veces pierdes la confianza en ti misma a causa de que algunas personas no creen en tu misión. Necesitan un poco de tiempo para enterarse de lo que haces. Como ya lo dijo Susanita, no hay apuro. Creo que después de estos veintitrés años que han pasado, ya estás preparada para llevar a cabo la misión que Dios tiene reservada para ti.

Aquellas palabras de mi amado esposo me daban la certeza de que no estaba sola para cumplir con la encomienda divina, sino que él estaría siempre para ayudarme y apoyarme.

CAPÍTULO II

FALLECIMIENTOS

Cuán breve es nuestra existencia en esta dimensión terrenal... La vida en el paraíso, en cambio, es inexorable y eterna. Sin embargo, el hombre nunca podrá saber cuándo ni en qué momento será la hora indicada para partir a esa dimensión celeste, no sin antes rendirle cuentas a Dios por sus acciones y obras.

Todos queremos que nuestra partida sea tranquila, alejada de todo sufrimiento y toda violencia, pero pocos seres humanos pueden gozar de esta bendición y privilegio divinos. Pocos son los señalados.

En este capítulo haré un recuento de mis vivencias con los espíritus de algunas personas que partieron de esta dimensión terrenal no muy gratamente, y que antes de irse dejaron asuntos pendientes u obras inconclusas. Cosas que pudimos resolver juntos, aprendiendo también una gran lección.

Estas experiencias me permitieron comprender y reflexionar en torno al verdadero sentido de la vida: disfrutar de este breve espacio intensamente, así como de todos los dones que el Creador nos otorga, empezando por la oportunidad de iniciar un nuevo amanecer y concluyendo con la posibilidad de haber entregado nuestro amor a nuestros seres queridos y a todos los demás.

Muchas son las personas que desperdician las riquezas de la vida, que son aquellas cosas que no cuestan nada. Sufren por las experiencias del pasado o se preocupan por el porvenir, sin percatarse de que es el presente lo que se debe aquilatar. Sin embargo, cuántas cosas podrían evitarse y solucionarse si tan solo procuráramos la paz y la tranquilidad necesarias para poder llegar a nuestra última morada...

Sé tú quien llegue a conclusiones que te iluminen y te lleven a encontrar el verdadero sentido de tu existencia.

También hago una recopilación de algunas de las muchas experiencias que forman parte de mi vida y que conservan un lugar privilegiado en mi corazón, por tratarse de vivencias que me permitieron conocer con mayor profundidad a los niños.

Sin temor a equivocarme, puedo afirmar que el mundo infantil es maravilloso: nadie mejor que los niños para dar una idea de los conceptos de curiosidad, pureza, ingenuidad, sinceridad y ternura. Los seres humanos deberíamos conservar esas cualidades que con el paso del tiempo vamos perdiendo poco a poco, hasta convertirnos en adultos con grandes complejos y temores, incapaces de asombrarnos y de expresar con libertad nuestros sentimientos más íntimos.

A los niños, a esos seres pequeños pero de grandes corazones, les llamo, por muchos motivos, *ángeles terrenales*. Te invito a descubrir, al igual que lo he hecho yo, algunos de ellos.

Al igual que las personas maduras, los niños pueden morir en el momento menos esperado, para continuar su vida en otra dimensión. Entonces, humilde y respetuosamente, presento esos testimonios, así como las enseñanzas que cariñosamente comparto contigo. Espero que sean fuente de inspiración y las incorpores a tu vida como experiencias que te ayuden a ser un poco más feliz en esta dimensión, la terrenal.

LA CARTA DE DESPEDIDA

La vida es un privilegio que Dios nos otorga. Vivir cada día como si fuera el último nos permite disfrutar cada momento de nuestra existencia intensamente, de tal forma que cuando llega la muerte, nuestro espíritu se va en paz.

¿Cuántas personas se olvidan de esta *regla de oro de la vida y de las relaciones humanas*? Es probable que sean más de las que te imaginas. Los desacuerdos, las riñas y los malentendidos son los problemas más graves de comunicación con los que cada ser humano lucha. ¿A cuántos amigos has perdido de la noche a la mañana? ¿Desde cuándo no le hablas a tu padre o a tu madre por un malentendido? ¿Cuánto tiempo tienes sin ver a esa persona que primero te hizo un favor y a la que luego culpaste de traición? ¿Cuántas veces te has acostado, sin más, después de tener una riña con tu esposo o tu esposa, tu novio o tu novia, u otro ser querido? ¿A cuántos les has negado el saludo por orgullo? O algo más simple... ¿Te despides de las personas cuando te vas? ¿Sabías que puede ser la última ocasión en la que te vean? ¿Qué pasará después?

Hay mucho que enmendar, ¿no crees? Te sugiero que si las palabras están en tu corazón y no puedes expresarlas, si hay duda y temor, si piensas que no te escuchan, te des tiempo y escribas una carta. Vierte en ella todo lo que tu corazón no puede manifestar cara a cara, aromatiza el papel con tu fragancia favorita, ponle algún detalle o tu sello personal, algo que indique que la redactaste tú.

Es muy probable que esa carta esté destinada a cambiar los sentimientos de quien la lea, o bien que sean tus palabras y la esencia de tu recuerdo los que le permitan a otra persona recobrar la paz, la alegría y las ganas de volver a vivir.

Haz tu carta en vida como despedida, tal como lo hizo certeramente Jessica. ¿Tú a quién se la enviarías?

Esta es la experiencia que tuve con Jessica, una chica hermosa como la misma primavera. Llegué a ella a través de su padre.

Cuánta tristeza reflejaba el rostro de aquel señor que había conocido tiempo atrás... Un día, después de verlo sufrir mucho, me atreví a preguntarle cuál era la razón de sus tribulaciones.

—¿Le pasa algo?—le pregunté—.Seguramente algo muy serio le preocupa, porque su tristeza es profunda, sus ojos la reflejan.

Asombrado, el señor logró responderme:

—¿Se me nota? ¡Qué perceptiva es usted! ¡Ay! Si yo le contara cómo mi existencia cambió en tan solo un instante, a tal grado de no querer vivir... Lo único que me sostiene es mi mujer y mis otros hijos, para continuar cargando aún con este dolor tan inmenso que llevo en mi corazón.

—Pues, cuénteme—le pedí—, puede encontrar en mí una confidente.

—Perdí a mi hija en un accidente hace tres años. Tenía tan solo veintiún años de edad. Desde entonces, ya no soy el mismo.

—Señor, yo puedo ayudarlo si usted así lo desea.

El hombre me miró con desconcierto.

—¿De qué manera, Claudia?—dijo—.No creo que nadie pueda ayudarme, no creo que exista persona alguna que pueda comunicarse con ella para decirle lo mucho que la extraño.

Para aclarar sus dudas, le expliqué cómo en el pasado había adquirido el don de hablar con personas que han fallecido y que se encuentran en el Cielo. Me escuchó hasta el final pero, aún con recelo, agregó:

—No quisiera faltarle al respeto, Claudia. Me gustaría mucho confiar en usted, pero muchas personas se han aprovechado de mí, inventando historias similares a la suya, y solo se han beneficiado de mi tristeza y desesperación. No se imagina el dinero que he pagado con el fin de saber cómo se encuentra. ¿Tengo que hacer algo en especial?

—Solo necesito los datos de su hija: nombre y fecha de nacimiento, para que mi ángel pueda contactarla, y así hablaremos con ella. En cuanto tenga la información, lo busco. Voy a ayudarlo porque lo veo muy triste. No voy a cobrarle, solo confíe en mí proporcionándome los datos generales, y con eso es suficiente.

Durante todo el día estuve planeando en detalle, junto con mi ángel, la manera en la cual nos encontraríamos con Jessica, ya que esta sería la primera experiencia de este tipo que realizaríamos: ahora, nosotras iríamos al encuentro de los espíritus.

La noche llegó, y me dispuse a dormir. Cuando caí profundamente dormida, mi ángel ayudó a mi espíritu a salir de mi cuerpo para realizar el contacto espiritual con Jessica. De inmediato, mi ángel subió al Cielo para encontrarse con ella. Esa acción solo tardó unos segundos: en un instante se encontraba en la habitación junto a mi ángel, lista para entablar la conversación.

Cuando llegó, la joven demostró ser muy agradable y tener mucha personalidad. Su cara irradiaba felicidad. Era como un sol en una cálida tarde de verano: bella y tierna. Se presentó:

—¡Hola! Me llamo Jessica.

—Mucho gusto, mi nombre es Claudia—la saludé, a mi vez.

—Igualmente, Claudia, y muchas gracias por ayudar a mi papá —me dijo—. Él sufre mucho desde que tuve el accidente. Tu ángel me explicó por qué haces esto. Si Dios te eligió, fue por alguna razón. Es un privilegio que pocos seres humanos tienen. Seguramente tu corazón es muy puro: no a cualquiera se le permite entrar al Cielo.

Tuvimos una breve charla en la que hubo confidencias acerca de la familia y, además, le pedí información personal, con el fin de que su padre tuviera la certeza de que había hablado con ella. Luego le solicité que me tendiera sus manos para entrelazarlas con las mías, así yo podría situarme en su pasado.

En un instante, estuve en aquella noche trágica. Jessica se encontraba alistándose para ir a bailar. La naturaleza le anunciaba una gran tormenta, pero Jessica saldría de todas maneras con un amigo, aunque su padre no estuviera de acuerdo y le hubiera negado el permiso. No obstante, ella había desobedecido y le había dicho:

—¡Papá, tengo veintiún años, no soy una niña! Además, si algo me va a pasar, en cualquier lugar me va a suceder—su rostro mostraba frustración y enojo.

El padre le reprochó, enojado, apuntándole con su dedo y haciendo un ligero movimiento de arriba hacia abajo:

—¡Hija, nunca me haces caso! No quiero que llegues tarde y mucho menos que vayas a tomar.

La joven aumentaba su grado de irritación.

—No llegaré tarde, papá—aseguró.

—Te advierto qué voy a esperarte, no me importa la hora que sea. Entiende que me disgusta tu asistencia a esos lugares; me preocupo mucho—agregó su padre.

Jessica, a punto de estallar de cólera, le respondió:

—¡No te preocupes! ¡Llegaré temprano! No voy sola, papá, me va a acompañar Benjamín. Regreso como a las dos de la mañana—le dio un beso y luego se marchó.

Al acabar la fiesta, Jessica salió acompañada de Benjamín. Él se encontraba alcoholizado, y esa condición le impedía estar fino con sus sentidos. Cuando caminaba, se veía titubeante, y al hablar no articulaba correctamente una conversación. Aun así, Jessica se subió al auto para que la llevara a casa. Debido a su alto grado de embriaguez, el joven manejaba de manera inconsciente, excediendo el límite de velocidad. El carro rugía como un león, y los conductores que pasaban a su lado le abrían paso por temor a ser embestidos a causa de su imprudencia.

Jessica, pasmada por la exagerada rapidez con la que viajaban a esas horas de la noche, le llamó la atención pidiéndole que bajara la velocidad y le advirtió que serían sorprendidos por la policía. Pero fue inútil: Benjamín hizo caso omiso a su solicitud. Esto ocasionó que, unos minutos después, el automóvil volcara. El coche giró aparatosamente varias veces durante el vuelco. Jessica había quedado en el asfalto, lejos de los restos dados vuelta del automóvil, en medio de un charco de sangre que se extendía por el pavimento. Y, en derredor, aroma a aceite, humo y la música grupera del momento. Los golpes en su cuerpo fueron contundentes, y perdió la vida en forma instantánea.

Tras el impacto, su espíritu se desprendió del cuerpo de modo súbito. La joven podía observarse panorámicamente a sí misma, tirada en el piso. En ese instante empezó el desconcierto, y se preguntó: «¿Qué hago tirada en el suelo?». Antes de encontrar la respuesta, se desvaneció en una luz brillante hacia el Cielo.

Las siguientes imágenes fueron transferidas a mi pensamiento. Jessica estaba colocada en la antesala para entrar al Cielo. Seguía desconcertada y no comprendía por qué se encontraba en ese lugar. Desorientada, miraba hacia todos lados, buscando una posible respuesta. Un ángel se le acercó para explicarle que se encontraba haciendo fila para entrar al paraíso del Señor y que iba a estar bien, pues el lugar era realmente hermoso, pero ella estaba demasiado inquieta y nada dispuesta a escuchar. La joven le preguntó:

—¿Dónde estoy?

—Se encuentra en un lugar muy especial—le contestó él con amabilidad—. Está por entrar al reino del Señor.

Jessica empezó a reflexionar sobre sí misma y sus seres queridos. Y, sorprendida por la respuesta del ángel, agregó:

—¿Cómo? Entonces, ¿qué va a pasar con mis padres? ¿Qué hará mi papá sin mi presencia?

—¡Ellos estarán bien!—respondió el ángel, con mucha determinación.

Como Jessica seguía todavía sin comprender su explicación, para disipar la duda, él le dijo:

—¡Venga! Quiero que usted misma deduzca dónde se encuentra. ¡Acompáñeme! Vamos a donde está su familia.

—¡Sí, por favor!—solicitó ella con angustia—. Necesito saber de mi padre, mi madre y mis hermanos.

La joven súbitamente bajó a la Tierra. Su ángel esperó a cierta distancia. Estaban a la entrada de un lugar concurrido, y Jessica se llevó una gran sorpresa al observar a su familia y a una gran cantidad de personas reunidas. Unas eran extrañas y otras, conocidas. Sin embargo, ninguna de ellas estaba contenta. Una atmósfera de pesadez, casi lúgubre, se extendía por todo el lugar. Vio algunas personas con lentes oscuros mirando hacia el piso. Otros platicaban en silencio; unos más tomaban café, fumaban o charlaban con voz muy baja, preocupados. Solo unos pocos, los adultos mayores, rezaban.

En el fondo del lugar, frente a donde se encontraba Jessica, alguien estaba contemplando tristemente el interior de un ataúd. El rostro del observador estaba tan atribulado que a la desconcertada joven le dio curiosidad saber a quién le lloraba ese hombre. Se parecía mucho a un tío a quien no veía desde hacía años, por lo que decidió acercarse a él. Se colocó a su lado y dirigió la mirada hacia el ataúd, como lo hacía ese hombre de rostro familiar.

Cuando bajó la cabeza, las órbitas de sus ojos se hicieron más grandes. Se llevó las manos a la boca y las lágrimas empezaron a correr por sus mejillas. Se estaba viendo a sí misma, era ella: una joven apacible, pálida, ligeramente maquillada, peinada como si fuera a una boda. Portaba una blusa blanca y sus manos delgadas estaban entrecruzadas con un rosario, encima del pecho. Estaba asombrada, no podía creer que se hallaba contemplando su propio cuerpo. Tocaba el vidrio, como queriendo acariciarse, al mismo tiempo que se recorría el rostro con la otra mano. ¡Sí, era el mismo rostro! Parecía que estuviera reflejándose en un lago cristalino.

Fue tanta su impresión que afloró con toda fuerza el llanto. Un llanto que venía desde lo más profundo de su alma. Creo que, hasta la fecha, ha sido una de las escenas más conmovedoras que he vivido.

Jessica se mantuvo doblada encima del féretro, llorando durante unos minutos, mientras llegaban y se iban amigos y familiares que le daban el último adiós. Ella podía escuchar las palabras de despedida, los llantos, las oraciones: todo dedicado a ella. Poco a poco, fue tomando conciencia de que estaba muerta.

Cerca del féretro había una banca larga de roble color café, de esas que hay en las iglesias, y ahí se encontraban sentadas algunas personas. Entre ellas, destacaba una señora de expresión triste. Era su tía, que también había llorado mucho. Sus ojos estaban hinchados, y sus órbitas, oscuras por el desvelo. De vez en cuando secaba sus lágrimas con un pañuelo blanco. El llanto de Jessica era desconsolado, y cuando una ventana del Cielo se abrió, su tía pudo escucharla.

—¡Mi sobrina está llorando!—exclamó la mujer—. ¡Yo la escucho llorar!

En ese momento, uno de los sobrinos alcanzó a oír los gritos despavoridos de su tía. Se acercó a ella, la tomó de los hombros, la puso frente a él para sacudirla fuertemente y le dijo:

—¡Mírame, tía! ¡Escucha! ¿Qué no ves a Jessica dentro de la caja? ¿Cómo puedes pensar que está llorando? ¡Ella está muerta! ¡Y los muertos no lloran!

Al escucharse a sí mismo, el joven también lloró. ¡Cuán terrible era admitir que Jessica ya no estaba con ellos…! Entonces, abrazó a su tía. La señora insistió, con impotencia:

—Lo sé, ¡pero yo la escucho llorar! ¡Jessica está llorando!

La mujer se liberó de los brazos de su sobrino y se encaminó al féretro. Ahí, cerca de Jessica, soltó el llanto de tal forma que, en su mayoría, los asistentes pensaron que había sufrido un shock. Su sobrino, abrazándola, la regresó a la banca para serenarla.

En otro lugar solitario, se encontraba el padre, en estado maltrecho. La muerte de Jessica había sido tan repentina que sentía que estaba viviendo una pesadilla. Era tanta su aflicción que no podía pronunciar palabra alguna. Estaba perplejo, parecía estar recordando escenas de la vida que había tenido al lado de su hija. Su mente estaba fuera de este mundo. El hombre musitó:

—¡Me quedé sin ti! ¿Qué voy a hacer sin ti, mi amor? ¡Dime qué…!

Todo lo que el espíritu de Jessica había presenciado era una dura experiencia. Había sido absolutamente desagradable el hecho de verse a sí misma muerta, aun más porque había dejado muchos pendientes sin resolver. Así que sin más lágrimas que verter, se enderezó, se miró por última vez y volteó para buscar al ángel que la había llevado hasta ahí. La figura celestial se acercó a ella, y Jessica le pidió que de inmediato la subiera al Cielo, porque sentía que no podía seguir presenciando el dolor que se había propagado por el recinto. Él cumplió con su pedido e intentó tranquilizarla, diciéndole:

—Mire, Jessica, quiero que entienda una cosa: de alguna manera, no está usted muerta del todo. Cuando un ser humano cierra los ojos tras la experiencia de la muerte, los abre hacia una nueva vida, y le puedo asegurar que en poco tiempo va a experimentar mucha paz y felicidad, porque de la muerte, también emerge la vida. ¡Confíe en mí! No podía explicarle de otra manera lo que había sucedido con usted, porque hubiera sido inútil y le hubiera parecido una locura.

»Quiero que sepa que la experiencia que usted ha vivido la han vivido muchos. Escenas como la suya son normales cuando los espíritus que súbitamente se desprendieron del cuerpo no alcanzan a comprender el proceso de la muerte. Los espíritus no saben cómo, cuándo o dónde sucedió la separación de su cuerpo. Es un desprendimiento abrupto. Sin embargo, debe estar contenta: su estancia será en el primer Cielo, porque está marcada con el color blanco. ¡Eso es bueno! Es por eso que debemos regresar a la línea. Está a punto de ser nombrada por san Pedro. ¡Deje de llorar! La vida continúa y si es celestial, también es eterna. Pronto volverá a ver a sus seres queridos, ¡sea paciente! Algún día estarán todos juntos. Aquí también tiene familiares esperando por usted, felices de tenerla eternamente a su lado.

»En lo que respecta a su papá, él se encuentra experimentando mucho dolor, el duelo de su muerte. Sufre en este momento, pero encontrará resignación con ayuda del amor de toda su familia. Está cerca el momento de ingresar al Cielo, y cuando lo haga, hablarán con usted. Para ello, le van asignar un guía espiritual, siempre y cuando así lo desee. Puede hacer todas las preguntas que quiera, y las respuestas que le den la harán sentir mejor. ¡Vamos, levante el ánimo! ¡Pronto estará con el Señor, en el paraíso! Cuando lo vea, todo dolor desaparecerá, ¡se lo aseguro!

Al entrar al paraíso en compañía del ángel, Jessica se percató de lo bello que era. Quedó impresionada al admirar tanta belleza, y dijo:

—¡Qué hermoso es este lugar! ¡Tenías razón, ángel! ¡Es bellísimo!

Los eventos de Jessica me conmovieron tanto que lloré. Esta era la primera vez que yo veía nítidamente la muerte de una persona en estas circunstancias. Estos sucesos se clavaron en mi mente, me perturbaron y me causaron mucho pesar, en especial cuando observé el rostro angelical de Jessica y su cuerpo tendido en la calle. Me abrazó fraternalmente y enseguida expresó:

—¡No llores, Claudia!—Luego, preocupada, me preguntó—:¿Te encuentras bien?

—¿Por qué te subiste al carro, si Benjamín estaba alcoholizado? —quise saber.

—No lo sé—respondió con una mirada profunda—, me equivoqué. De todas formas, me iba a suceder donde estuviera. En casa, sentada viendo la tele, o en algún antro juvenil. Todos tenemos una hora para morir. Era mi momento de partir…—Guardamos silencio por un momento, y después mencionó, desanimada—: Claudia, mi papá no es el mismo desde mi accidente. Ha descuidado su aspecto personal y está constantemente apesadumbrado. Cada vez que bajo a visitarlo, me entristece verlo de esa manera. Soy muy feliz en el Cielo, pero cada vez que lo veo así, el llanto me invade y no puedo detenerlo.

—Tu padre se pondrá bien al saber de ti—la consolé.

—Eso espero, porque no me gusta verlo así, ha perdido las ganas de vivir. Mi madre sufre mucho cuando él se encierra en la recámara por horas para llorar a solas. Lo más preocupante es que no quiere comer como se debe ni le interesa convivir con nuestra familia. Adelgazó mucho. Ellos piensan que quiere morir, incluso tienen mucho miedo de que intente el suicidio. Hasta este momento no ha podido superar mi ausencia, a pesar de que he muerto hace tres años. Sigue con el mismo dolor. Claudia, si vieras cómo abraza mis pertenencias con ternura y cómo le habla a mis fotografías con amor, imaginando que soy yo, comprenderías por qué me pongo tan triste cuando bajo y lo veo—sollozaba.

—No llores. ¡Verás que él se pondrá bien! Yo lo voy a ayudar. Ahora, dime, ¿cómo te ha ido en el Cielo?

—Al principio me fue muy difícil acostumbrarme a mi nueva vida —dijo con voz tranquila—, pero rápidamente pude superar mi dolor, con la ayuda de mis tíos y abuelos.

—¿Vives con tus abuelos?—pregunté.

—No, vivo sola—explicó—. Subí la casa en la que vivía en la Tierra.

—¿Por qué no vives con tus abuelos?

—Porque ellos son mis vecinos—respondió con emoción—, pero para decir verdad, aunque los quiero muchísimo, estoy esperando a mis padres y hermanos, para ser plenamente feliz. Además, lo primero que hice al subir la casa de mis padres fue decorarla a mi gusto, y quedó muy bonita. Ya cuando lleguen ellos aquí le pondrán su toque personal. Por el momento, hice unos cambios, y quedó irreconocible.

—Las veces que he subido al Cielo nunca he visto una casa fea—le dije—. Todas son muy bonitas, iluminadas y adornadas con colores más brillantes aun que los encontrados en la Tierra. Hay banquetas con bellos empedrados y jardines cuyos pastos son realmente verdes. Por cierto, descubrí que la casa de nuestros sueños puede ser colocada donde uno lo desee.

—Sí, en el Cielo todos tienen la oportunidad de tener una casa —afirmó—, aunque no se haya tenido la oportunidad de poseer propiedades en la Tierra. También existe la posibilidad de tener ranchos e inmuebles como tractores, bicicletas, camiones, camionetas, motocicletas y muchas cosas más.

Este comentario me hizo recordar mis experiencias con espíritus en las carreteras, donde ellos conducían camiones, motos o carros en sentido contrario al nuestro. Incluso, en cierta ocasión, cuando me dirigía en avión a la ciudad de Monterrey, observé una avioneta de dos motores conducida por un par de espíritus, los cuales saludaron a mi ángel al pasar a nuestro lado. Simplemente, es maravilloso cómo estando en el Cielo siguen disfrutando de lo que más les gustaba hacer en la Tierra, pero ahora lo hacen solo por diversión.

Mi ángel interrumpió nuestra conversación para replicar:

—¡No a todos se les permite subir su casa! Por ejemplo, a los niños y adolescentes no se les permite ese beneficio, tienen que vivir con un adulto.

—Tienes razón, a los niños y adolescentes se los excluye de ese beneficio—se rectificó Jessica.

Luego de esta conversación, antes de despedirme, le pregunté:

—¿Quieres enviar otro mensaje a tu papá, además de lo que ya me has dicho?

—Dile que él y mi madre son mi adoración, y que les mencione a mis hermanos que nunca los he dejado solos y que siempre estoy pendiente de ellos. Si te piden una prueba de que has hablado conmigo, coméntales que las buganvilias eran las flores que más me gustaban. También sentía amor por los animales, especialmente por los perros, pero mi perrito favorito tiene el nombre de Tofi. Eso es todo.

—Mañana hablaré con tu papá—le aseguré—. Tengo que trabajar muy temprano, y hay que descansar. Hasta mañana, Jessica.

—Hasta mañana, y muchas gracias por escucharme.

Temprano por la mañana, llegué al hospital y me dirigí a la unidad de terapia intensiva acompañada de mi ángel. Al llegar, lo primero que hice fue tomar mis instrumentos para proceder a realizar mis labores de enfermería. Me dediqué a mis pacientes, quienes necesitaban mucho cuidado debido a su gravedad. Finalmente, al mediodía pude aprovechar el intervalo de la hora de comida para hablar con el padre de Jessica. De inmediato, me trasladé hacia su oficina, porque solo disponía de treinta minutos. Iba tensa y un poco preocupada por la reacción que podría tener cuando le narrara mi conversación con su hija.

Toqué a la puerta. Él me abrió y me dio la bienvenida. Me acompañó a ocupar mi asiento, e inicié la conversación:

—Hola, ¿cómo ha estado, señor?

—Pues aquí—dijo—, sin poder aminorar mi tristeza.

—Deduzco que continúa afligido por lo de su hija—continué.

—Claudia… es un dolor que llevaré hasta que muera.

—Encontré a su hija—le informé sin más prolegómenos.

El hombre me clavó la mirada.

—Claudia, disculpe mi desconfianza, pero antes de que empiece a contarme, necesito mirarla a los ojos—explicó.

Yo correspondí a su petición y, con la sinceridad acostumbrada, le empecé a narrar lo sucedido.

—Su hija falleció en un accidente automovilístico. Ella no iba sola, sino acompañada de un amigo. Ambos murieron en el instante. Esa noche ella salió a pesar de que usted le negó el permiso.

Entonces, en el rostro del hombre se reflejó la angustia, y algunas lágrimas rodaron por sus mejillas, probablemente deseando haber estado en el lugar de su hija y haber perdido él la vida aquella noche de lluvia. Recordó el momento y, de repente, lloró como jamás imaginé oír llorar a un padre. Para mitigar su dolor, intenté consolarlo con algunos datos que la joven me había dado, y tomándole la mano, pronuncié:

—Jessica me dijo que tiene un suéter favorito de color blanco, que se encuentra colgado dentro del clóset. También me dijo que su perrito favorito se llama Tofi y que las flores que más le gustaban eran las buganvilias.

Al escuchar esos datos, el hombre pareció haber sufrido un colapso.

Preocupada, le pregunté:

—¿Señor, quiere que haga un alto?

Pero me pidió que continuara con mi charla.

—También me solicitó que le comunicara que en la parte de arriba del closet, en un rincón, le dejó una carta de despedida enrollada con una cinta rosa, dentro de una cajita de madera. Ella sentía en su corazón que había llegado su hora de partir. Era una joven con mucha sensibilidad, así que, presintiendo su muerte, la escribió para usted. Además, me comentó que hay unas mancuernillas que se encuentran en un joyero, en un compartimiento oculto dentro de su cómoda: quiere que una vez que las halle, se las reparta a sus hermanos. Por último, antes de concluir su charla, me pidió lo siguiente: «Dile a mi padre que cada mañana me siento en sus piernas cuando desayuna y que lo extraño… Coméntale que su frase "mi niña hermosa" sigue siendo para mí lo más valioso».

Al escuchar esto, el hombre colosal se deshizo. Su llanto era similar al de un niño adolorido: largo, reprimido y angustiante. Ese llanto se debía a que en vida, antes de ir a la escuela, Jessica hacía precisamente eso, sentarse en sus piernas como su pequeña niña.

Después de que terminé de transmitirle ese mensaje, alzó sus manos al Cielo y exclamó:

—¡Gracias, Dios mío! La tienes a tu lado. Cuídamela, por favor.

Instantes después, tomó el teléfono y llamó a su esposa para narrarle todo lo que le había descripto, además de pedirle que buscara los mencionados objetos. Unos minutos más tarde, la señora le regresó la llamada y, con el llanto a flor de piel, le comentó que todo se encontraba en los lugares indicados. Se oía por el altavoz del teléfono:

—¡Claudia tenía razón! ¡Aquí está todo, no te miente! ¡Están la carta, el joyero, las mancuernillas, todo! ¡Gracias, Dios mío!

La señora no paraba de darme las gracias por teléfono. Yo escuchaba su llanto y las maravillosas palabras de aliento que me daba:

—Claudia, ha hecho algo muy valioso, me ha devuelto la fe. Ahora sé que hay un Cielo y un Dios, y que mi hija está contenta.

Oír cómo lloraba me dio mucho sentimiento. No pude contenerme, y también lloré. El padre, más tranquilo, como si las lágrimas hubieran limpiado su alma, me dijo:

—¡Ahora sí estoy seguro! Usted habló con ella. Dígale que la amo mucho, que mi vida se marchitó cuando murió ella.—Luego hizo una pausa, me miró y me preguntó—:¿Cuánto le debo?

Como era costumbre con otras personas, le respondí:

—Nada, señor. Los dones de Dios nunca se cobran, y si vuelvo a hablar con ella, le voy a pasar su recado, pero recuerde que a su hija no le gusta verlo llorar.

—¡Dígame! ¡Lo que usted quiera!—insistió—.No me importa cuánto sea, yo se lo doy. ¡Esto que hizo por nosotros no tiene precio!

—Señor, le repito, no cobro nada. Solo lo hice porque lo vi anímicamente muy mal, y espero haberlo ayudado.

Me miró, tomó mi mano y me dijo tiernamente:

—Esto para mí es muy difícil. Antes mi corazón ya no latía, estaba muerto, pero hoy vuelve a vivir y late como antes lo hacía, gracias a usted y a su ángel.

Estas palabras me hacían muy feliz, en especial en boca de una persona que me inspiraba un aprecio tan grande. Fue entonces cuando a mi ángel se le ocurrió por primera vez tomarnos de las manos, para producir tanta energía que pudiéramos lograr que el espíritu bajara, y de ese modo podrían verse por unos segundos. Así fue, y sin decirle nada a mi amigo, lo hicimos. Cuando Jessica se presentó ante su vista, el impacto fue tanto que sus ojos se abrieron como si hubieran estado por salirse de sus órbitas. El señor volvió a llorar. Ese llanto llegó hasta lo más profundo de mi corazón: no pude contener mi emoción y también me sorprendió el llanto por segunda vez.

Era sumamente conmovedor observar la enorme ternura con la que aquel hombre acariciaba a su hija, que se había sentado en sus piernas para abrazarlo y colocar su cabeza sobre su cabello que ya tenía algunos hilos albos. Ambos irradiaban mucho amor. Acariciando el rostro de su padre con sus delicadas manos, Jessica le dijo:

—¡Papá, no llores, estoy bien! ¡No te preocupes por mí! Deja de sufrir por mi ausencia, que algún día tú y yo nos reencontraremos para nunca separarnos jamás. Aquí, en el Cielo, soy tan feliz… Todo aquí es hermoso y espectacular. No existen palabras para describir tanta belleza. Cuando les llegue el momento de estar conmigo, podrán contemplar este lugar con sus propios ojos. Tus padres te mandan decir que te aman y que cuando llegues aquí, ellos te recibirán junto conmigo. Diles a mis hermanos que los amo y que a pesar de que no pueden verme, siempre estoy al pendiente de ellos, y que cuando llegue también su hora, aquí estaré esperándolos. Continúen con su vida, porque aquí en el Cielo todo es diferente. Dile a mi mamá que la amo y que le agradezco mucho tener limpio mi suéter favorito, pero dile también que no es necesario lavarlo cada semana, pues yo ya lo tengo en el Cielo y me lo pongo muy continuamente, porque sé que le gusta mucho. También pídele que se desprenda de todas mis cosas personales, porque también lo he subido todo al Cielo y no es necesario que las guarde. No se te olvide también decirles a mis tíos y primos que se porten bien, porque algún día toda la familia volverá a reunirse para convivir como siempre...

El señor no podía detener el llanto, era como si una tormenta se hubiera desatado en su interior, la misma tormenta de lágrimas que se había presentado el día de la muerte de su hija. Él nunca se había imaginado que vería a Jessica de nuevo, y mucho menos que podría despedirse de ella. Por último, le dijo:

—Hija, cómo me haces falta... ¡Hija mía, mi niña hermosa, no te imaginas cuánto te amo! ¡Hoy que te veo he vuelto a nacer! ¡Te ves muy bonita!

—Papá, muchas gracias por tus lindas palabras —se emocionó Jessica—, ¡te amo!

Al escuchar esta frase tan dulce, decidí anunciar que la cabeza me dolía mucho y que era necesario dejar ir a la joven. Antes de despedirse, padre e hija se miraron a los ojos tiernamente y se dieron un abrazo y un beso. Al instante, Jessica se desvaneció como el agua cuando se evapora. El señor me ofreció su bendición.

Ambos se despidieron de mí con el corazón inundado de alegría.

Una vez que terminó el encuentro, esperé a que atenuara mi dolor de cabeza y regresé al área de trabajo para seguir atendiendo mis ocupaciones. Entonces encontré la ocasión para hacerle dos preguntas a mi ángel:

—¿Cómo hicimos para que Jessica pudiera aparecer ante su padre? Y la línea que yo observé al caminar hacia la puerta de madera, antes de entrar al Cielo, ¿es la misma que vi en los eventos de Jessica?

—Así es, Claudia, es la misma línea que tú viste cuando falleciste y donde colocan a la mayoría de las personas a medida que mueren. Nadie pueda evitarla. Al llegar ahí, van avanzando poco a poco. Solo hay que esperar lo que equivale a aproximadamente tres o cuatro días en el tiempo de la Tierra. Pero esa espera también se puede ver alterada por algunas circunstancias, como desastres naturales, atentados terroristas o guerras, en las que fallecen miles de personas en poco tiempo. Transcurrido ese lapso, van con san Pedro, quien tiene un libro en el que se encuentran los datos de todas las personas. Esta información está integrada por su nombre, fecha de nacimiento y muerte. Para finalizar, él menciona si deben ingresar al Cielo o al purgatorio.

—¿Y cómo saben adónde le corresponde ir a cada uno?—pregunté.

—En el instante mismo en el que se colocan en la línea—me respondió—, las personas son marcadas con un color, y cada color tiene un significado específico. Por ejemplo, el color amarillo simboliza el purgatorio. Pero los siguientes siete colores son asignados de acuerdo a las buenas acciones que la persona haya realizado en beneficio de la humanidad, incluyendo cómo consideró la presencia de Dios durante su vida. Sin embargo, hay que señalar que no todos se colocan en la línea. Existen casos de personas que entran por otra puerta, por donde tú ingresaste: se trata de personas que se han ganado el derecho de no pasar por la línea porque han hecho alguna obra positiva para la humanidad. A este privilegio corresponden los colores azul marino y morado.

COLOR	NÚMERO DE CIELO
blanco	primer Cielo
beige	segundo Cielo
rosa	tercer Cielo
verde	cuarto Cielo
naranja	quinto Cielo
azul marino	sexto Cielo
morado	séptimo Cielo

En este cuadro se muestran los colores que se asignan y el número de Cielo que le corresponde a cada uno.

»Respecto a cómo pudo ver este señor a su hija, acuérdate de que un día te expliqué que, tarde o temprano, la gente con falta de fe te iba a creer poco a poco. Este nuevo don que Dios te ha otorgado es un premio a tu lealtad y a tu gran corazón. Solamente lo utilizarás cuando yo te lo indique: esa decisión es nada más mía. Este don es un privilegio que pocas personas tendrán. Necesitarás siempre de mi ayuda para usarlo, sola no podrás hacerlo. Únicamente esto será posible cuando juntemos las manos tú y yo, en conjunto con el espíritu que baje. Será tanta nuestra energía que podremos hacer que él se haga visible ante su familia, y cuando lo vean, ellos nunca volverán a dudar de la presencia de Dios. Con este nuevo don, podemos demostrar los propósitos de Dios. La presencia de Jessica es una clara muestra de ello, porque nos permitió mostrarle a su padre que ella se encontraba disfrutando de la vida eterna en el Cielo y, además, conseguimos confirmar que las promesas que Dios realiza son verdaderas: *¡Hay vida después de la muerte!*

Las bellezas del paisaje, así como las casas y jardines donde se encuentran las flores que representan a cada ser amado que habita en la Tierra.

Línea donde los espíritus, formados de acuerdo al orden en el que han ido muriendo, esperan para ingresar al Cielo o al purgatorio.

Jessica cargando la cajita de madera donde tenía la carta de despedida para su familia.

UN GRAN JUEGO DE DOMINÓ

El inicio de la vida siempre es motivo de buenas noticias, felicidad y alegría. La muerte, por el contrario, es razón para el sufrimiento, la inquietud y el dolor.

Los seres humanos deberíamos prepararnos para la vida, y también para la muerte, pues esta última es parte natural de un ciclo. Un ciclo eterno en el que todo inicia y termina, y vuelve a empezar.

Nuestra madre naturaleza es el ejemplo perfecto de que la vida y la muerte se hermanan. La vida llega con la primavera, y la muerte, con el invierno, pero cada estación es celebrada por el Creador. Todas las estaciones forman un ciclo periódico y permanente, que se repite al infinito. Gracias a este reloj perfecto, se sostienen la existencia de todos los seres que habitamos el planeta.

Cuando, luego de morir, las personas han pasado a otra dimensión y se han ganado el Cielo, sus espíritus esperan que sus seres queridos las recuerden. Todos aspiran a ser recordados por sus buenas acciones, más que por sus errores y malos comportamientos. El mayor deseo de los espíritus también es permanecer en el corazón y la mente de sus familiares y amigos, porque saben que así continuará viva su esencia, aunque su cuerpo no esté presente, y esto los hace sentir en verdad queridos y valorados.

Comparto contigo esta experiencia que trata precisamente de un hombre que tenía una expectativa muy exigente de su familia. ¿Será tanto lo que exige, o es lo mínimo que podría exigir? Conócela.

Un día vino en mi búsqueda una familia que necesitaba ayuda para contactarse con un hombre adulto, al cual nombraremos Aarón. El rastreo fue difícil, pues en la primera ocasión no hubo resultados. Mi ángel decidió realizar su pesquisa por varios lugares: buscó en los puntos de reunión de personas de su edad y en lugares tranquilos, aquellos que anhelan las personas mayores y donde encuentran un contacto con sus recuerdos. Buscó en los jardines; buscó y buscó, hasta agotarse.

Decidió también preguntar aquí y allá, pero era inútil. Sus piececillos angelicales le pesaban, su rostro cansado parecía más el de una niña terrenal que el de un ser divino. «¿Dónde estará ese adulto?», se preguntaba aquel hermoso ser celestial. Con sentimientos encontrados, se presentó ante mí y, en tono de disgusto (porque, claro, los ángeles también se molestan), me dijo:

—¡Es inútil, no encuentro al hombre que me has encargado hallar! ¡Ninguna de las personas a las que les pregunté reconoce a alguien con similares señas!

Este hecho me causó preocupación, así que decidí presentarme con Miguel, un señor que colabora conmigo y que posee la lista de almas con las que tengo encuentros, para contarle aquel suceso, y él me replicó:

—¡Qué raro! El Aarón que me indicas era una persona que ayudaba mucho a la gente... ¡No es posible que no lo halles!

—Permítame pedirle a mi ángel que lo busque una vez más —agregué—, y luego le platicaré cómo nos fue, porque si no lo encontramos con rapidez, deberé informarle a su familia acerca de nuestras dificultades.

Además, le recordé que había personas con las cuales no se podía hablar, pues se encontraban en el purgatorio. Este comentario me hizo reflexionar, y no quise considerarlo como la última posibilidad de nuestra frustrada búsqueda. Quise ser optimista, y regresé con mi ángel para solicitarle que realizara una segunda visita al Cielo y fuera más meticulosa en su indagación.

Y así se trasladó mi ángel, con nuevos bríos. Subió al Cielo e hizo el mismo recorrido, pero ahora incluso se detuvo para observar con detenimiento a cada ser, y nada, ¡nada de Aarón!

Entonces, se presentó ante san Pedro.

—Señor, estoy buscando a un hombre mayor que no localizo por ningún lado —le dijo—. ¡Estoy desesperada y triste!

Después de escudriñar detenidamente el semblante de mi ángel, él le pidió:

—¡Dame su nombre!

El rostro de mi ángel se iluminó como un pequeño sol al escuchar la propuesta afirmativa del ser barbado y adusto. Sintió gran alivio y pensó que había sido un error de su parte no haber preguntado a san Pedro primero, antes de realizar un infructuoso recorrido (pero los ángeles también se equivocan…). Con alivio, le proporcionó los datos. Por último, él le dijo, con una exactitud sorprendente:

—¡Hija, escucha esto! El hombre que buscas está jugando dominó en el parque, en compañía de sus amigos. Anda, ve a su encuentro.

Mi ángel se dirigió primero hacia donde me encontraba yo, y me explicó el acontecimiento. Le agradecí su esfuerzo. En esta ocasión, yo también subiría al Cielo junto con ella. Tenía poco tiempo para desprenderme de mi cuerpo y así emigrar al paraíso, por lo que de inmediato me cambié el pijama por una prenda más apropiada para la entrevista. Después de que me dormí, no transcurrió mucho tiempo hasta que caí en un sueño profundo. Con la ayuda de mi ángel, me desprendí, y en instantes nos situamos en aquel hermoso lugar.

Nos encaminamos hacia donde se encontraba Aarón, y frente a sus compañeros de juego, mi ángel fue la primera en explicarle las razones de nuestra presencia allí. El hombre argumentó que ya estaba enterado, porque le habían avisado que un ángel lo andaba buscando, pero había pensado que era una broma extraña de sus amigos. Se preguntaba a sí mismo: «¿Qué querrá mi familia?».

Mi ángel le dijo, molesta:

—Ahora que se ha enterado de que no es una broma y lo que hemos batallado para localizarlo, ¡por favor, acepte acompañarnos cuando le indiquemos el día para el encuentro con su familia! ¡Mire mis pies, estoy agotada!

Claro que mi ángel estaba hablando en sentido figurado, y su ingenuidad y belleza hacían que su aura resplandeciera con la súplica evidente.

Aarón guardó silencio. Enseguida intervine yo y, reiterando el compromiso adquirido con su familia, agregué:

—Aarón, es necesaria una entrevista entre usted y los suyos. Llevamos días buscándolo, pero hasta ahora nuestra búsqueda había sido inútil. ¿Dónde estaba?—pregunté.

—Jugando dominó con mis amigos —contestó arrugando el ceño.

—Su familia quiere saber de usted—le repetí.

—No hallo el motivo por el cual mi familia quiera saber de mí —respondió como todo buen patriarca—, si yo me encuentro bien.

Su respuesta me disgustó y le respondí con enojo:

—Creo que este mensaje es más importante que un juego de dominó con sus amigos.

Con expresión adusta, Aarón retiró las fichas de dominó, les pidió una disculpa a sus amigos y se dirigió con nosotras hacia otro lugar, para charlar en privado. Allí, continuó con su discurso de manera aun más firme:

—¡Discúlpeme! Considero que cuando una persona no deja pendientes en vida, no deben existir razones para que se preocupe, mucho menos si planeó que las necesidades que pudieran existir en la dimensión terrenal estuvieran resueltas para cuando llegara la muerte.

—Poseo conocimiento de que usted era un hombre que miraba hacia el futuro—le respondí respetuosamente—, que tenía mucho dinero y que era un hombre previsor, pero la solvencia económica no es lo más importante en la vida ni es lo único que necesita una familia para resolver los problemas que pueden presentarse. Nada es más valioso que el amor. Estando en el Cielo, debería saberlo. Además, sus hijos en verdad lo extrañan, y esta es la razón de mayor peso. Me imagino que los ama como ellos a usted.

Aarón era perseverante, pero su familia era un punto débil. Con más sencillez, agregó:

—Estoy de acuerdo, pero como dije anteriormente, antes de morir arreglé todos mis asuntos para que a mis seres queridos no les faltara nada.

Esta vez me mostré comprensiva y logré tranquilizarme.

—Por supuesto, me dijeron que usted había sido un padre y esposo ejemplar, pero le pido que sea empático con su familia—insistí—. Le aseguro que usted haría lo mismo.

Estos argumentos terminaron por convencerlo, y respondió:

—Sabe, me parece que no estoy ante una buena jugada de dominó: ya perdí. Usted tiene la mula de seis: mi familia siempre fue lo más importante, creo que estoy actuando mal. ¡Perdone mi impertinencia! Tiene toda la razón…—Y, tocando la cabecita de mi angelito, accedió—:¡Está bien! ¿Cuándo nos vemos?

Antes de que él se apartara de nosotras para continuar con su juego, acordamos notificarle el día, la hora y el lugar donde se establecería la comunicación con sus seres queridos:

—Primero hablaré con su familia para explicar los detalles de nuestra reunión y, para finalizar, ellos podrán verlo durante algunos segundos.

—No entendí—cuestionó, desorientado—.¿Me está diciendo que mi familia podrá verme?

—Sí, señor, ellos lo verán.

Después, mi ángel y él resolvieron los detalles de la forma en que se produciría el encuentro. Mi ángel celestial le solicitó información que pudiera servir para que su familia aceptara el contacto con él. Aarón hizo memoria.

—Dígales que José, mi jardinero, vive conmigo—sugirió—, en la casa que tengo atrás de la mía. Seguimos siendo vecinos y muy buenos amigos: la convivencia continúa igual aquí en el Cielo. Él murió meses antes que yo, y se llama José. También coménteles que me gustaban mucho los tacos de carne asada y las papas con mantequilla, crema y elote.

—¿El señor José sigue siendo su jardinero?—le pregunté ingenuamente.

—No, aquí somos como hermanos. Además, déjeme decirle que más allá de nuestra relación laboral y las diferencias económicas en la Tierra, siempre lo traté con mucho respeto, e incluso lo invitábamos a comer a nuestra mesa, porque lo consideramos parte de la familia. Créame que cuando él murió, para mí ya no fue lo mismo que en mi casa no estuviera su presencia, porque nuestra amistad era muy estrecha y apegada, a tal grado que pasábamos hora tras hora jugando al dominó. De hecho, él fue el primero en recibirme cuando llegué al Cielo, y por toda la eternidad le agradeceré esa atención que tuvo. Obviamente, al llegar aquí lo invité a vivir de la misma forma en que lo hacíamos en la Tierra. Él sigue siendo mi compañero de juego permanente, junto a mis nuevos amigos que conocí aquí… Quiero que le diga a mi esposa que haga todo lo posible por ser feliz como lo soy yo ahora en el paraíso.

—Me da mucho gusto, señor—comenté—, que ustedes sigan con esa gran amistad, porque mucho tienen una idea equivocada del Cielo y, por lo que veo, uno aquí sigue realizando lo que le gustaba hacer en la Tierra.

—Aquí en el Cielo puede disfrutar del deporte que más practicaba en la Tierra—dijo.

—¡Qué maravilla!—exclamé con alegría.

Cuando nuestra plática se había tornado valiosa para mi aprendizaje concerniente al Cielo, se encaminó hacia nosotros el señor José para saber cuál era el motivo de su tardanza, porque sus compañeros de partida estaban desesperados por continuar con el juego de dominó. Aarón le respondió que le diera un segundito para concluir con nuestra charla.

Debido a la urgencia por reanudar su partida, acordamos terminar nuestra plática y me comprometí a reunirnos lo más pronto posible para sellar el compromiso adquirido con su familia. Nos despedimos con un saludo de manos. Él se dio la media vuelta y se retiró.

Mi ángel tomó mi mano, y ambas nos fuimos a dormir, ahora sí con tranquilidad. Antes de cerrar los ojos, me despedí de mi ángel para continuar disfrutando del sueño, y expresamos:

—¡Gracias, Dios nuestro!

Recuerdo que el día del encuentro era un día lluvioso, el cielo tronaba y mostraba un espectáculo de rayos centelleantes. Había sido una travesía, una odisea, llegar al lugar acordado para realizar la entrevista. El lugar estaba a reventar: calculé que habría cerca de 130 personas. Era de esperarse que Aarón tuviera esa convocatoria, pues era una persona bien apreciada y respetada por la sociedad debido a su filantropía.

El momento esperado llegó. Me presenté dando mis datos generales y los de mi ángel. Todos guardaban silencio para escuchar los mensajes enviados por Aarón. Mientras yo continuaba con los pormenores del encuentro, mi ángel subió al Cielo a buscarlo. Al final, me enfoqué en expresarles la afición que tenía por el juego de dominó y el modo en el que había reaccionado cuando lo encontramos. Su esposa, un poco sorprendida por la actitud del marido, manifestó:

—¡Mire nada más! Mi esposo no ha cambiado nada. Podía dejar cualquier cosa cuando le hablábamos, menos un buen juego de dominó. Podría decirse que era su gran afición cuando vivía.

—La personalidad de quienes van al Cielo sigue siendo la misma —aseguré—. Por ejemplo, como acaba de expresarlo, continúan practicando los hábitos y pasatiempos que más les gustaban, incluyendo los alimenticios, pues continúan disfrutando de sus platillos y bebidas favoritos. Acuden a las tiendas departamentales a renovar su vestuario, modernizan los muebles de sus casas en la Cielo...También resuelven sus necesidades primarias, como nosotros. Pueden asearse, perfumarse y cambiarse de ropa a diario. La mujeres continúan siendo femeninas y coquetas, pues el cuidado de la belleza física tampoco se olvida. Se arreglan y maquillan como si su estancia en el Cielo tuviera que celebrarse a diario.

La esposa de Aarón escuchaba intrigada, y entonces se le ocurrió preguntar por el aspecto físico de su marido:

—¿Aarón sigue siendo la misma persona que cuando falleció? También he oído que todos tienen la misma edad en el Cielo.

La pregunta me pareció interesante.

—Señora, he convivido con cientos de espíritus—indiqué—. Pero para responder a su duda de la manera más explícita, le platicaré a través de la experiencia con mi suegra, ya que con ella paso la mayor cantidad de tiempo. Las características físicas, psicológicas y morales de mi suegra siguen siendo las mismas. Es tal como era en la Tierra. Sin embargo, hay algo que puedo afirmar: cuando la vi después de morir, sí identifiqué que parecía tener menos edad. ¡Simplemente, rejuveneció!

—¿Cuántos años se pueden eliminar al morir?—quiso saber, con una curiosidad casi infantil.

—Mi suegra dice que es como si se hubiera hecho una cirugía facial reconstructiva e instantánea, pero sin dolor.

—¡Es maravilloso! ¿No crees, hija?—declaró la mujer, con rostro que expresaba extrañeza.

—Sin embargo, hay límites—añadí—.La madre de mi esposo me comentó, bromeando, que a ella le hubiera gustado quedar de veinticinco años, como en sus mejores tiempos, pero no quiso abusar de ese privilegio.

Luego, retomando la seriedad del tema, le comenté que los niños y los jóvenes seguían teniendo la misma edad. No hay necesidad de tomar ese privilegio otorgado por Dios.

Aquella mujer tenía tantas ganas de volver a tener a su marido cerca como dudas en su corazón sobre lo que había en el Cielo, por lo que con humildad, me preguntó:

—¿Claudia, cómo es la estancia en el Cielo?

—Si desea tener tan solo una pequeña idea, quiero que imagine nuestra vida terrenal de la siguiente manera, para hacer una comparación: elimine los problemas sociales, las guerras, las enfermedades, los desastres naturales. Ahora, piense en un espacio donde exista como norma la solidaridad y la concordia entre diferentes razas. Excluya las grandes diferencias entre lenguas, clases sociales y credo, y elimine las fronteras. Todo es perfección, ¿no es así? Por lo tanto, no hay razón para dudar de que estar en el primer Cielo es hermoso y muy agradable, y piense entonces cómo serán los siguientes Cielos… Todos van superándose en grandeza y belleza.

La mujer de Aarón se encontraba hambrienta de fe y esperanza.

—Claudia, no sabe cuánto me emociona hablar sobre este tema. Tengo muchas dudas, y entre más me responde, surgen otras tantas, pero también entiendo la premura por cumplir con el compromiso que contrajo con nosotros—expresó como muestra de su comprensión. Luego, agregó—:Sin embargo, hay cosas que necesito preguntarle: ¿Es verdad que hay una guerra en el Cielo, entre los demonios y Jesús? ¿Los ángeles tienen alas?

—La entiendo—dije—, y de verdad quisiera que sus dudas se disiparan, pero déjeme contarle que nuestro Dios tampoco me muestra a mí todo lo que sucede en el Cielo. Existen muchos misterios que aún no me ha mostrado y que desconozco por completo. Nada más para concluir nuestra charla, le digo lo siguiente respecto a sus dudas: he visitado el Cielo en infinidad de ocasiones, y hasta ahorita no he visto a los arcángeles, y mucho menos a Jesús, pelear contra demonios. Le puedo asegurar que las veces que lo he visto, siempre se encuentra acompañado de muchos niños sentados a su alrededor, algunas veces escuchando su palabra sagrada, otras veces, la lectura de un libro, bajo un frondoso árbol lleno de mariposas multicolores. Sin embargo, sé que cuando piense que estoy preparada, mi Señor me mostrará otros muchos secretos del paraíso. Por último, ni los ángeles ni los arcángeles tienen alas, como algunos dicen, lo que pasa es que el resplandor que emanan es tan intenso que cuando se trasladan de un lugar a otro, parece que las tuvieran, pero es una ilusión óptica. En pocas palabras, en el Cielo ningún ser celestial tiene alas, señora. Cuando vamos de compras a la tienda, ellos pueden caminar a nuestro lado si así lo desean, o pueden levitar mientras nos acompañan. En distancias largas, se transportan de otra manera, aunque hasta ahora mi ángel no me ha explicado de qué manera lo hacen, debido a que no se lo permiten. Pero sí le aseguro, por mi propia experiencia, que van de un lugar a otro en cuestión de segundos.

Después de que terminé de resolver sus dudas, en la medida de mis posibilidades, y de contarle los pormenores del encuentro con su esposo, le advertí que ella y sus hijos iban a tener la oportunidad de ver a Aarón por algunos segundos. La noticia la emocionó tanto que los latidos de su corazón empezaron a sonar como un tambor. Sus manos le sudaban y su boca se secó. Todos los asistentes se volteaban para mirarse, ya que muy pocos sabían de qué se trataba cuando les decía que estuvieran atentos para ver a su ser querido.

Llegó el momento del encuentro familiar. Por unos instantes, pudieron reunirse como lo anhelaban desde hacía tiempo atrás. La esposa, con un nudo en la garganta, fue la primera en fundirse en un cálido abrazo con su marido. Los hijos, nerviosos y sonrientes, se acercaron luego para unirse a sus padres.

Una atmósfera emotiva se extendió por toda la habitación. Los asistentes, sacudidos por la presencia de Aarón, se contagiaron de alegría y tuvieron la certeza de que era una muestra de la existencia de Dios. Mi ángel y yo pudimos percibir calor y armonía familiar. No conseguí evitar ser contagiada por tanta alegría, y las lágrimas nacieron de mis ojos. Pude presenciar y escuchar las promesas de amor, de espera y de vida recta y honesta que todos pactaron. También fuimos testigos de la despedida amorosa de una pareja adulta aún enamorada.

La señora le expresó en voz alta a su marido que conservaría sus pertenencias intactas, en especial el pañuelo con el que había decorado el saco en su boda, como muestra de fidelidad, y finalizó prometiéndole prepararle ese día los tacos de carne asada que tanto le habían gustado en vida. A través de mí, Aarón le agradeció a su esposa la promesa de amor, así como el detalle del platillo, y le anunció que estaría en el Cielo esperando paciente su presencia, hasta que terminara su misión terrenal. Le suplicó que, hasta ese momento, cuidara a sus hijos y sus nietos con mucho amor, dedicándoles el mayor tiempo posible.

Los hijos de Aarón, preocupados por su padre, le preguntaron si aún tenía dolor, pues había sufrido mucho antes de morir, a lo que él les contestó:

—¡No, hijos, aquí en el Cielo nadie sufre de dolores! Soy muy feliz. Vivan tranquilos, como yo lo estoy ahora. Este es el momento más feliz que he tenido durante la estancia en esta dimensión, y les pido como único favor que se amen, cuiden y protejan mutuamente. Por cierto, en el Cielo tengo una flor por cada uno de ustedes. No dejen que mis flores se marchiten. Ellas serán una señal de que mi presencia y amor siguen con ustedes.

Los hijos y su esposa, desconcertados por este comentario, guardaron un largo silencio que aproveché para decir:

—Cuando uno muere y se va hacia el Cielo, se le asigna un jardín. En él, por cada integrante de la familia o ser querido más cercano, se le otorga una flor.

Mirando con un amor platónico a su esposa, Aarón precisó:

—Por ejemplo, a ti te tocó una rosa blanca. Cada vez que menciones mi nombre, esa flor se pondrá más hermosa y crecerá. Pero si sucede todo lo contrario, esa flor se marchitará y morirá. De esta forma, los espíritus nos damos cuenta si aún nuestros seres queridos nos recuerdan o si seguimos presentes en sus vidas.

Al terminar la explicación, Aarón buscó los ojos de su mujer, para encontrarse con su mirada cristalina. Ella, correspondiéndole, dijo, sin distraerse:

—De ninguna manera permitiré que tu flor se marchite, mi amor. La cuidaré y la regaré a diario con todo mi amor para que siempre se mantenga hermosa. Te amo, Aarón.

Los hijos también se miraban entre ellos, como queriendo decir muchas cosas, pero les era imposible pronunciar palabra alguna, estaban sorprendidos con la presencia de su padre. Al fin, uno de ellos tomó la iniciativa para hablar en nombre de los demás:

—¡De ningún modo nos vamos a olvidar de ti, padre! Sabes que te amamos y pronto vamos a reunirnos contigo, ¡si Dios quiere!

Dichas estas palabras, todos guardamos silencio. Enseguida nos despedimos amablemente, brindándonos buenos deseos.

Durante días, una atmósfera de paz invadió mi ser. La experiencia que tuvimos con el señor Aarón nos permitió descubrir aspectos muy interesantes de la vida cotidiana de los espíritus, y nos pudimos percatar de que muchas cosas de la vida terrenal se conservan en el plano celestial, como los hábitos, las costumbres y los pasatiempos.

Lo más emotivo y valioso fue que Aarón nos recordó que nuestros seres queridos estarán con nosotros siempre. Los espíritus son como flores que necesitan abonarse, regarse, protegerse y cuidarse para mantener su belleza y aroma. Es necesario platicar con ellos para que sientan que su esencia continúa en nuestras vidas. Yo puedo asegurar que si les hablamos, ellos acudirán a nuestro lado para escucharnos y nos responderán con señales silenciosas, aunque no podamos corresponderles. Sin embargo, sentir la presencia y la energía que irradian los espíritus puede ser o no posible, dependiendo de la calidad con que esté entrenado el corazón de la persona para acoger el amor, la fe y la sensibilidad.

Es sumamente importante no tirar, regalar ni vender las cosas personales de nuestros seres queridos durante los primeros días posteriores a su fallecimiento, porque de esta manera podrán tomarlas para llevárselas al Cielo, para seguir disfrutando de ellas. Otra forma de agradar a nuestros seres queridos que se han adelantado en el camino hacia el ascenso celestial es ofrecerles sus alimentos favoritos, con el fin de que puedan compartirlos con los mortales. Quizás el momento más apropiado para ofrecerles un banquete y rendirles un homenaje en el hogar sea nuestro tradicional Día de los Santos Difuntos.

Los espíritus se reúnen y continúan con los pasatiempos que más les agradaban en la Tierra.

EL DESCONCIERTO

Hay muertes tranquilas, en cama. Hay fallecimientos justos, cuando un ser muere después de haber gozado de oportunidades como la de tener una familia, crecer sufriendo y gozando, estudiar una profesión o no hacerlo, lograr metas y sueños...

Todos y cada uno de nosotros hemos planeado nuestra vida hacia el futuro. No existen leyes que definan el tiempo que cada ser humano va a gozar de la existencia aquí en la Tierra. ¿Cuántos años más tienes tú de vida? No lo sabes, ni yo tampoco. También mi vida tiene un plazo que marca mi fin. Te invito a conocer un caso que trata precisamente de esta primicia. Espero que te resulte tan emotivo como a mí cuando lo viví personalmente.

Una persona allegada me pidió que ayudara a un amigo que sufría por la muerte de uno de sus hijos. El señor estaba destrozado anímicamente. Su vida había cambiado drásticamente. Durante días estuve esperando su llamada, pero él nunca se comunicó, hasta que un día pude contactarme con un amigo mutuo, a quien le comenté mis dificultades para comunicarme con aquel señor, y me contestó: —Claudia, yo personalmente le proporcioné su número, desconozco las razones por las cuales no la ha llamado, pero llegué a verlo muy mal moralmente. Tal vez su distanciamiento se debe a la muerte de su hijo. Quizá necesita tiempo para asimilar esa mala experiencia. Le voy a hablar para comentarle acerca de su preocupación.

Posteriormente recibí una llamada de la persona, quien me dijo:

—No me comuniqué con usted, Claudia, porque perdí su número telefónico y me daba mucha vergüenza molestarla. Sé que tiene muchas familias a las que ayudar y no quiero abusar de su amabilidad.

—Señor, no se preocupe, yo lo voy a ayudar con su hijo —aseguré—. Hoy por la noche lo buscará mi ángel. Necesito el nombre completo y su fecha de nacimiento, y con el favor de Dios mañana lo veré.

Esa misma noche, mi ángel fue a contactar al joven fallecido. El muchacho tenía veintitrés años en el momento de su muerte, y la causa había sido un ataque cardiaco. Cuando me visitó para hablar sobre su deceso, se veía contento.

—¿Cómo está, señora?—me saludó—. Aquí estoy para charlar sobre mi vida.

Asentí. Luego le pregunté su nombre, y me aclaró que se llamaba John. Después de una breve charla, le pedí que me diera sus manos para ver los sucesos anteriores a su muerte. Cuando lo hice, me dirigí a la primera escena, donde pude ver qué sucedió ese día. Observé que durante la hora de la comida entablaba una plática muy seria con su padre, quien le decía:

—Hijo, cuando yo me vaya de este mundo, quiero que tú te hagas cargo de tu mamá y tu hermana. Sé que eres más chico que tu hermano Ramiro, pero estoy seguro de que podrás con la responsabilidad que te estoy dando, porque tengo confianza en tu madurez.

—¿Por qué me dices eso?—preguntaba el joven—. ¿Te encuentras bien?

—No te preocupes, hijo—le respondía su padre—. Te digo esto porque ninguno de nosotros sabe lo que puede pasar con nuestras vidas. En este momento estamos platicando, pero no tenemos la certeza de lo que puede suceder mañana.

John le solicitó cambiar de tema y comentó que al día siguiente tendría un examen muy importante. El padre le deseó buena suerte y le recomendó estudiar mucho para que le fuera bien. Luego se retiró, dejándolo a solas.

Por la tarde, John fue sorprendido por un fuerte dolor en el pecho y como no mejoraba, fue con su padre para hablarle acerca de su malestar. El padre, preocupado, le recomendó que visitaran juntos al médico, pero John se negó, argumentando que su dolor probablemente era a causa de algún alimento en mal estado.

La madre de John, preocupada por el mal estado de su hijo, intervino:

—Hijo, no seas terco, acompaña a tu papá para que te realicen un chequeo general, no te cuesta nada. El dolor que tienes no es normal.

—¡Estoy bien, no me pasa nada!—replicó el joven, entre desesperado y molesto—. ¡Dejen de preocuparse! Además, ya se me está pasando. Me tengo que ir a dormir porque mañana voy a presentar un examen y me levantaré temprano.

Sus padres también se fueron a dormir, pero como John los había dejado tan preocupados, no les era posible conciliar el sueño. Hasta que más tarde, obligados al fin por el agotamiento, pudieron descansar.

Mientras tanto, John se quedó profundamente dormido tan pronto como se acostó. Durante la madrugada, lo despertó un fuerte dolor en el pecho. Fue tan repentino y brusco que no tuvo ni siquiera la mínima oportunidad de pedir auxilio. Falleció súbitamente.

Cuando estaba en la fase de espera en la línea, se encontró con un hombre extranjero delante de él. Esta situación ambigua le causó extrañez. No entendía cómo de estar en su cama, de repente se encontraba en un lugar donde había mucha gente extraña en espera de algo.

Como John era muy sociable, le preguntó al hombre extranjero si sabía dónde se encontraban. Luego, hizo una pausa para decir:

—Espere, ¿por qué me puedo comunicar con usted sin mover mis labios? —Estaba realmente asombrado.

El hombre le respondió que desconocía el motivo. John, ahora desconcertado, empezó a hacer conjeturas: «¡Estoy loco! ¡Esto es una pesadilla! ¡Un terrible sueño! ¿Qué ocurre?».

Al observar la inquietud y el nerviosismo de John, el extranjero le respondió:

—Joven, no tengo ni la menor idea de qué hacemos aquí, pero esperemos. Quizá más tarde encontremos las respuestas adecuadas.

Pero, para John, esta respuesta no era nada satisfactoria, así que decidió empezar a gritar:

—¡Mamá! ¡Papá! ¡Hermano…! ¡Despiértenme, por favor! ¡No puedo despertar de esta pesadilla!

Continúo por algunos minutos, sin recibir ayuda o respuesta alguna a sus súplicas. Entonces, una chica que se encontraba detrás de él, y cuya edad se aproximaba a los dieciséis años, se compadeció y le explicó:

—¡Te encuentras en las puertas del Cielo! ¡Estamos muertos! —Después agregó, pasivamente—: Esta línea nos lleva a la entrada del paraíso, solo hay que esperar algún tiempo.

—¿Qué fumaste? ¡Estás bien loca!—la increpó John, sin entender—. ¡No es posible que esté muerto!—Y moviendo las manos, insistió—:¡Deja de estar diciendo tonterías!

Luego empezó a golpearse en la cabeza, pero no sentía ninguna sensación de dolor ni mucho menos lograba despertarse. Esa situación le extrañaba. Continuó reflexionando y haciendo preguntas acerca de lo que veía: «¿Qué será aquella reja que apenas alcanzo a ver? ¿Dónde estaré? ¿Dónde? ¿Qué hago aquí?».

La muchacha nuevamente intervino para decirle:

—¡Te digo que estás en el Cielo! ¡Has muerto!

—¿Te pregunté?—contestó John, enojado—. ¡No estés molestando! ¡Sé que eres parte de un sueño! ¡Deja de meterte en lo que no te importa y ocúpate de tus asuntos!

La muchacha se sintió agredida y volteó, moviendo la cabeza de un lado a otro. Muy a lo lejos, John apenas alcanzó a escuchar un grito doloroso:

—¡Hijo, despierta! ¡No! ¡No! ¡Dios mío, dime que no es verdad! ¡No puede ser! ¡No te lo lleves! ¡Dios, por favor, devuélvemelo!

—¡Mi papá está gritando! ¡Algo pasó!—comentó el joven—. ¡Necesito saber dónde estoy! ¡Quiero ir con mi papá! ¡Necesito que me ayuden a regresar a casa! ¡Algo le pasó a mi hermano!—Sin imaginar que el causante y actor principal de ese doloroso acontecimiento era él.

En realidad, lo que sucedió en casa de John fue que el padre se levantó para ir al baño y, preocupado por su hijo, ingresó a su recámara con el fin de cerciorarse de que se hallara bien. Encendió la lámpara y, como se percató de que su hijo se encontraba demasiado quieto, decidió acercarse para tocarlo. Su tranquilidad exagerada no le agradó. Se aproximó a su rostro para mirarlo minuciosamente y se dio cuenta de que no respiraba. El instinto de padre le anunciaba una tormenta de dolor, algo en su corazón le hacía sentir que estaba frente al cadáver de su hijo. Sintió su rigidez post mórtem. Fue entonces cuando confirmó la muerte de su hijo, y empezó a gritar.

En ese mismo instante, John estaba pidiendo ayuda para ir con su padre. Iba con una persona, luego con otra y otra, y a todas les pedía:

—¡Quiero que me diga dónde estoy! ¡Me urge ir con mi padre! ¡Está gritando! ¡Algo sucede en mi casa! ¡Ayúdeme!—Y, angustiado, preguntaba—: ¿Por dónde salgo de aquí?

Finalmente, un ángel se le acercó para asistirlo en su súplica por saber dónde se encontraba.

—¡Detente! ¡Cálmate, por favor!—exclamó el ángel—.¡Relájate! ¡Estás en el reino de Dios!

—Me estás diciendo lo mismo que hace unos momentos me explicaba una muchacha—subrayó John, ofuscado—. ¿Cómo voy a estar en el Cielo, si hasta donde recuerdo, me encontraba en cama, pensando en mi examen, en mi dolor que no desaparecía del todo? Me quedé dormido… Además, ¿tú quién eres?

—Yo te voy a ayudar a aclarar tus dudas —declaró el ángel, con una tranquilidad pasmosa.

—Me estás mintiendo—John se negaba a ver la realidad—.Sé que esto es un sueño, un mal y terrible sueño.

Entonces, el ángel le pidió que le tendiera su mano para llevarlo a casa y sacarlo de dudas. John respondió groseramente:

—No necesito que me lleves, dime por dónde me voy, y yo solo regresaré a casa.

—No puedes irte solo, solo yo te puedo llevar—dijo el ángel.

—¡Entiende! Ya estoy muy grandecito como para que me lleves como si fuera un niño. Dime el camino, y yo me marcho solo.

—Dame tu mano para llevarte a casa—agregó el ángel, con más paciencia—.No seas terco.

John entendió que no sabía cómo regresar a casa y, desesperado, cedió. Tomó la mano del ángel, y en cuestión de un abrir y cerrar de ojos, estuvo de regreso en su habitación.

Ahí descubrió una escena que lo dejó pasmado por algunos segundos, sin siquiera poder mover un dedo: frente a él estaba su madre llorando y su padre haciendo una llamada. Se pudo observar inerte en la cama. Aun mirando su cuerpo pálido, se negaba a aceptar la realidad que experimentaba.

—¿Qué hacen aquí llorando?—preguntaba una y otra vez—. ¿Qué hace mi cuerpo en la cama? ¡Mamá! ¡Papá! ¡Respóndanme! ¿Por qué no me escuchan, si les estoy gritando? ¡Papá, despiértame de esta pesadilla!

Se acercó a la cama y empezó a forcejear con su cuerpo, quería estrujarlo para que despertase, pero aunque hacía mucho esfuerzo, no lograba su objetivo.

En ese momento, su hermana menor, angustiada por la situación, entabló una fuerte discusión con su mamá, en la cual le gritó y le faltó al respeto.

John, enojado por el comportamiento de su hermana, se acercó a ella y le dijo:

—¡Eh! ¡No te comportes así! No le grites a mamá, y mucho menos le faltes al respeto.

Unos segundos más tarde, ya se estaba preguntando: «¿Por qué mi hermana no me responde, si siempre me dice malas palabras? ¿Por qué no me escucha?». Observó de reojo al *ser luminoso,* que era el modo en que llamaba al ángel, y luego volteó para mirarlo y le preguntó:

—¿Qué haces aquí? Te dije que yo me venía solo a casa.

El ángel guardó silencio y siguió a la expectativa de los movimientos de John. Debía aguardar hasta que comprendiera su situación. Tenía la encomienda de acompañarlo y trasladarlo a donde se dirigiera, y esperar y ser paciente el tiempo necesario. Era su escolta personal.

Luego de este evento, el siguiente que se colocó en mi pensamiento de inmediato fue lo que había ocurrido en la morgue, donde se encontraba el cuerpo de John. Solo habían pasado algunas horas de su fallecimiento. Ahí estaban preparándolo para llevarlo a la capilla. Su familia llegó, y la madre amablemente le solicitó a la persona que estaba encargada que la autorizara a cambiar la vestimenta del cuerpo de su hijo:

—Por favor, déjeme cambiarle de ropa a mi hijo por última vez. Quiero ponerle su camisa blanca preferida.

Este hombre se rehusaba a dejarlos entrar, argumentado que estaba estrictamente prohibido por motivos de salubridad. Fue tanta la perseverancia de la mujer que al fin pudo convencerlo, pero a condición de que solo entraran los padres.

Ellos aceptaron. En la sala de espera quedaron sus otros dos hijos, mientras los padres entraban junto con el señor. Cerraron la puerta tras de sí tan pronto como pasaron, antes de que John alcanzara a entrar. Como este aún no tenía experiencia para controlarse a sí mismo, y mucho menos para traspasar objetos sólidos ni para mover objetos materiales desde su dimensión espiritual, se acercó a la perilla de la puerta para abrirla, y solo pudo moverla. El encargado se percató de este hecho y comentó, un poco disgustado:

—Les dije que solo ustedes dos ingresarían a la morgue.

Regresó para observar por la ventanilla de la entrada y verificar que los hijos del matrimonio se encontraran alejados del acceso principal. Miró de derecha a izquierda minuciosamente, y pudo confirmar que, en efecto, ellos se habían retirado de la zona. Levantó los hombros con gesto de extrañeza, pues nadie se veía en los alrededores, y volvió para continuar con sus labores.

Entretanto, John hacía un testarudo esfuerzo para entrar, pero sin ningún éxito: solo podía mover la perilla. Esperaba con exasperación el momento en el que alguien más abriera la puerta, para entrar. Minutos más tarde, un segundo empleado ingresó al lugar, y John aprovechó para infiltrarse con rapidez. Una vez logrado su objetivo, vio que cerca a la morgue había una capilla. Ahí dentro, sus padres estaban hincados llorando su pérdida.

John se puso frente a ellos.

—¡Padres! ¿Por qué lloran?—les decía, gesticulando—.¡Aquí estoy! ¡Mírenme! ¡Mírenme!

Ellos le dieron el último adiós y exteriorizaron su anhelo de morir en ese momento para encontrarse con su hijo. Posteriormente, sintió la necesidad de entrar a la morgue, y así lo hizo. Sobre una plancha pudo observar por segunda vez su cuerpo. Estaba ahí, inerte, como la cera. Su palidez se confundía con el color de la camisa que su madre le había puesto.

Fue entonces cuando tuvo un momento de lucidez y recordó que, en la noche, un dolor lo había despertado de manera brusca. Y por más que había intentado pedir ayuda, no había podido, pues la muerte lo sorprendió de modo repentino. En ese instante, intuyó que estaba muerto:

—¡Estoy muerto! ¡No puede ser! ¡Muerto, yo! ¡No…!

Caminaba de un lado a otro, mirándose una y otra vez. De pronto se encaminó a la capilla nuevamente para buscar la compañía de su madre, y empezó a gritar:

—¡Madre, escúchame, estoy aquí! ¡Papá!—Y posó su rostro sobre el hombro de su madre.

La mujer escuchó los gritos de su hijo.

—Me siento tan mal que pareciera que escucho a John gritar—le comentó a su esposo, con angustia.

El padre guardó silencio y apretó su mano en señal de consuelo.

—¡Te digo que aquí está, a mi lado! ¡Acabo de escucharlo! —repetía.

Su esposo le dio la razón con un comentario cargado de desconsuelo:

—Mi amor, seguramente nuestro hijo está aquí, junto a nosotros.

La pareja empezó a llorar. Luego regresaron al lugar donde se encontraba el cuerpo de su hijo y ahí, junto a él, continuaron llorando del modo más profundo. La tristeza era tan grande en ese recinto… Los sollozos eran tan notorios que pronto fueron escuchados por el encargado de la morgue, quien se dirigió de inmediato al lugar para decirles:

—¡Por eso no quería que entraran! ¡Salgan, por favor, señores! Tener contacto con su hijo antes de que lo colocáramos dentro de su féretro les ha provocado una impresión muy fuerte. ¡Retírense, por favor! ¡Ya no pueden estar aquí! Necesito terminar de arreglar el cuerpo de su hijo, estoy atrasado.

Los padres de John se retiraron, abrazados y abatidos, caminando a paso lento hacia al exterior de la morgue.

A solas, el encargado de la morgue se dirigió al lugar donde se encontraba el cuerpo de John para decirle, mirando su rostro:

—John, no cabe duda de que eras demasiado joven para morir. Por favor, vete al Cielo de una buena vez. Descansa, John, ya no estés haciendo sufrir a tus padres.

El espíritu de John entendió el mensaje y, al fin, se fue. Regresó a la línea con la ayuda del ángel.

Otro pasaje que vi fue una conversación entre san Pedro y John.

—Bienvenido al Reino del Señor —lo saludó san Pedro—. Hijo, tú has muerto en tu cama por causa de un ataque cardiaco. Te ha ido bien, no has sufrido. Tu muerte ha sido tranquila, como debía ser. Llevaste una vida de buenos principios.

—Señor, ¿dónde estoy? —preguntó John, aún con desconcierto y con una última esperanza de que todo fuera un espantoso sueño.

San Pedro le manifestó que se encontraba en el Cielo, pero John insistió:

—¿Acaso estoy muerto? ¿Estoy en el Cielo? ¿Está seguro de lo que dice?

San Pedro amablemente volvió a asegurarle que estaba en el Cielo y que no existía error, que su nombre se encontraba muy claramente escrito en el libro. John le cuestionó:

—¿Cómo sé que es mi nombre el que está en el libro y que no me han confundido con otra persona que se llama igual que yo? ¿Cómo sé que no es un error?

El hombre celestial, con el afán de convencerlo, lo tomó del hombro y lo llevó hasta donde se encontraba el libro para que lo viera y certificara la veracidad de la información, señalándole que Dios nunca se equivocaba. Desconfiado, el joven miró el pesado libro y se percató de que estaba anotado su nombre, junto con sus fechas de nacimiento y muerte. Al observar su rostro, san Pedro le preguntó:

—¿Aún existe duda, hijo? ¿Quieres verlo nuevamente?

Con resignación, el joven guardó silencio. Acto continuo, san Pedro lo invitó a ingresar al Cielo, ya que lo iban recibir unos familiares muy apreciados por él. John escuchó cabizbajo y luego alzó su cara para pronunciar:

—¿De qué me sirvió haberme portado bien? De todas formas estoy aquí, muerto…

—Hijo —respondió san Pedro—, ¿por qué te quejas, si estás en el Cielo?

—Solo tenía veintitrés años, y creo que no es justo haber terminado de esta manera. Tenía una vida por adelante y, por lo que veo, ya fue truncada.

Entonces, la chica que con anterioridad le había informado que estaba muerto se acercó para decirle:

—¡Cómo eres quejumbroso...! Antes de morir, yo estuve siete meses en una cama, sufriendo por un cáncer de estómago. ¡Eso sí es sufrir! Tú moriste en tu cama, luego de unos minutos de sufrimiento. ¡Atención, estás en Cielo, valóralo!—exclamó.

—Sí, lo entiendo, y reafirmo: yo tenía una vida plena y muchos planes a futuro, y creo que también me faltaba mucho por vivir, pero ni modo...—Por último, resignado, preguntó—: ¿Por dónde me tengo que ir? Porque yo no veo nada de lo que dicen del Cielo... Además, a cualquier punto adonde volteo, observo solo nubes.

—Está bien, hijo—dijo san Pedro—, comprendo que estés molesto. Durante tu estancia aquí entenderás mis palabras. Pasa y camina para ese rumbo—y señaló con el dedo la dirección hacia la que el joven debía dirigirse.

John obedeció las órdenes y emprendió su camino. A lo lejos, una luz muy brillante y cegadora lo invadió todo. De pronto, el Cielo se abrió en su totalidad, solo para él. Su impresión fue tanta que su cara se iluminó a causa de la maravilla y el júbilo que lo invadían. Se arrodilló y, mirando hacia arriba, levantó los brazos:

—¡No puedo creerlo! ¡Estoy en el Cielo! ¡Gracias, Dios mío! Disculpa mi incredulidad... El Cielo sí existe, y es maravilloso. ¡Bien, bien! ¡Este lugar es bellísimo! ¡Qué paisajes tan espectaculares! ¡Qué lugar tan padre!

En ese instante, todas esas amargas etapas que había vivido después de morir fueron olvidadas en su totalidad, pues lo que veía frente a sus ojos hacía que todo ese dolor desapareciera como por arte de magia. Se olvidó de esas vicisitudes, y era entendible, porque cuando uno se encuentra contemplando por primera vez tanta armonía y la belleza de esos paisajes, queda impactado a causa de la inmensurable hermosura que es el paraíso. Por tal motivo, no hay pensamiento alguno que distraiga el admirar ese lugar único y espectacular.

Una sorpresa mayor lo esperaba. Luego de la luz, una pareja alegremente se acercó a paso lento hacia donde estaba el joven. Cuando estuvieron cerca, se dirigieron a él:

—¿Hijo, nos reconoces?

John se acercó y los abrazó a ambos, lleno de júbilo.

—¡Abuelitos, gracias, gracias por venir por mí!

—Cómo estás guapo, hijo…—le musitó su abuela con una sonrisa de oreja a oreja.

—Venimos por ti—agregó el abuelo—, para hacernos compañía mutua. ¡Qué bueno que estés contento! Y eso que apenas es el principio… Te aseguro que recibirás muchas más sorpresas. Acompáñanos.

John se colocó entre sus abuelos, y ellos lo tomaron del brazo con cariño y se dieron la media vuelta. La vida eterna le daba la bienvenida.

Luego de ver todos estos acontecimientos ocurridos en la vida de John, le pregunté:

—Sé que tienes poco tiempo de haber llegado al Cielo, ¿cómo te has sentido?

—Respecto a mí, estoy bien—respondió—.Soy feliz por estar en el Cielo. Es un lugar donde se vive tranquilamente y con mucha concordia. La verdad, no cambiaría por nada este momento de mi vida. Solo me angustio en ocasiones, cuando me doy cuenta de que mi familia no nota mi presencia. He tratado de enterarlos de que estoy ahí con ellos, pero nadie puede sentirme. La única que a veces percibe mi presencia es mi hermana menor, pero no dice nada. Por más que he intentado hacer evidente mi presencia, solo escucho excusas.

—¿Qué has hecho para que ellos se enteren de que estás ahí? —quise saber.

—He hecho de todo—me dijo el joven, con el rostro inexpresivo—. He encendido y apagado las televisiones, he tirado objetos, he abierto las llaves del agua en diversas ocasiones, he movido las perillas de las puertas de sus recámaras…

—¿Con toda esa actividad en tu casa no comentan nada de lo sucedido?—me sorprendí.

—No, solo se asustan, pero no pasa a mayores. Piensan que es producto de su imaginación—dijo, y mirándome a los ojos de modo triste, con mi mano entre las suyas, agregó—: Claudia, usted es mi última esperanza de que mi familia se entere de que me encuentro bien. Aunque soy muy feliz por estar en el Cielo, no puedo dejar de sentir dolor cuando mis padres sienten mi ausencia. Creo que de alguna manera se creen culpables por no haberme ayudado. La verdad, ahora que veo las cosas de forma diferente, habría preferido morir después de una larga enfermedad, en lugar de haber fallecido súbitamente.

—Desde tu perspectiva, puede que tengas un poco de razón —admití—. Probablemente una larga enfermedad te hubiera permitido tener la posibilidad de despedirte de tus seres queridos, y tal vez hubieras podido solucionar algunos pendientes. Quizá, sumado a esto, habrías tenido tiempo para asimilar tu partida. Aunque a veces es desgastante para los seres queridos tener que soportar la convalecencia de un enfermo. Puede ser cruel y doloroso para todos.

—También la enfermedad tiene un fin—intervino mi ángel—. Sirve para purgar el alma de quienes no han actuado correctamente. Muchas veces, una larga enfermedad puede brindar, pese al dolor, la oportunidad de pedir perdón a las personas a las que se les ha hecho daño. O bien puede purificar los pecados para que la persona se haga merecedora de llegar al Cielo.

—¡Esa oportunidad no la tuve yo!—se lamentó John con mucho pesar—.Claudia, le tengo que pedir otro favor: sugiérale a mi madre que no venda la casa. Yo vivo en ella, siento como si estuvieran desprendiéndose de una parte de mí. Asimismo, coméntales a mis padres que se imaginen que me fui de vacaciones por un corto tiempo a un lugar bellísimo, y que algún día me van a volver a ver. Que recuerden los momentos más bellos que vivimos juntos. Al hacerlo, podrán aminorar un poco el dolor que tienen en sus corazones.

Este comentario me hizo interpretar que requería ayuda urgente, y en esta ocasión me comprometí a dar el mensaje pronto.

—Con todos esos datos que me suministraste, no pondrán en tela de juicio nuestro encuentro—le aseguré—.Yo me encargaré de decirles todo. ¡Disfruta de tu estancia en el Cielo! Ellos sabrán que los visitas a diario. Y les explicaré detalle a detalle todo lo que me has mencionado.

A primera hora de la mañana, contacté a la familia de John. Tuve una charla larga y amena. No fue difícil convencerlos de la veracidad de mis datos ni tampoco de que John estaba contento al lado de sus abuelos. Puse énfasis en que el joven tenía especial interés en hacerse presente en su casa. También comenté que todo lo extraño sucedido en ella se debía a su presencia. Sin demora, les mencioné el mensaje en el que John les sugería no vender la casa. Les di una breve explicación sobre ese tema en particular y abundé también en cómo se sentía la energía de los espíritus, para que pudieran detectar su presencia en el hogar. Les pedí que dieran fin a todo sufrimiento, pues su ser querido siempre estaría en su casa mientras su recuerdo estuviera también en sus mentes y sus corazones. John había atendido el llamado del Señor y, desde entonces, tenía el privilegio de gozar de la vida eterna.

La experiencia de John nos da una importante lección. En primer lugar, debemos tomar conciencia de que ninguno de nosotros sabe cuándo y en qué lugar llegará el momento en el que la vida terrenal concluya. Por ello, nuestra prioridad será tratar de cumplir con las metas que nos hemos propuesto, antes de que llegue el momento inesperado. No se necesita ser viejo para saber que la muerte está cerca: a veces se es demasiado joven, pero el tiempo está marcado y no se puede posponer.

Antes de iniciar la sesión, los padres de John no habían liberado su espíritu de la culpa. Sin embargo, al terminarla les hice entender que la muerte de su hijo habría sucedido de cualquier forma y en cualquier sitio donde se encontrara, ya que su muerte estaba marcada precisamente a esa hora y, por tal motivo, nadie podía evitarlo. Ellos habían cumplido su papel como padres pidiéndole que se atendiese. John no hizo caso a su petición de asistir al médico, y la muerte llegó de ese modo irremediable.

Vivir con la culpa por la muerte de un ser querido es la experiencia más triste que pueda existir. Reduce a los demás seres queridos que aún quedan en la Tierra a la tristeza infinita, a la infelicidad y a la intranquilidad constante. Es, simplemente, morir en vida.

Padres, si han perdido a un hijo, despídanse de él en paz. No vivan con el sentimiento de culpa, sino con el sentimiento de amor eterno. Procuren superar el dolor y la muerte de su ser querido. Hacerlo no es sencillo, se sabe que es una experiencia devastadora, pero ustedes deben procurar la sanación de su alma, buscando ayuda psicológica o espiritual. Una vez que se den el tiempo para llorar, también es importante que se tomen el tiempo para asumir la pérdida física del ser querido. Quizá se necesiten semanas, meses o años, pero es necesario que tomen conciencia de que ya no estará a su lado como antes. Para esto, hay que dejar que la sabiduría del tiempo sane las heridas. Una vez que esto suceda, hay que continuar con la misión que Dios ha dado a cada uno, y seguir caminando. Una nueva oportunidad de continuar los espera y, de esta manera, estarán maduros, más tranquilos y serenos, *en paz*. El tiempo sigue transcurriendo y la vida se va. Tal vez la muerte de un ser querido les permita medir las posibilidades que tienen de dar amor a los otros seres queridos que aún están con ustedes, o bien, si acaso no existen, aprovechar la oportunidad para hacer obras humanitarias, reorientar su vida y darle nuevamente sentido.

Solo basta mirar alrededor para observar cuánta necesidad de amor existe en este mundo. Cuántos niños, jóvenes y ancianos requieren el apoyo de otras personas para salir adelante. Hay muchas bocas hambrientas que necesitan pan. Hay cientos de niños que han sido abandonados por sus padres y quieren encontrar a quienes sean sus padres verdaderos, del corazón. Hay demasiados jóvenes en las calles alcoholizándose, drogándose, delinquiendo. Existen muchísimos ancianos olvidados en asilos, que necesitan un rato de compañía. Hay miles de animalitos perdidos en la calle, enfermos y con sed, pidiendo un hogar y un poco de cuidado… Hay tantas, tantas cosas por hacer, muchas causas en las que trabajar. El mundo está lleno de motivos por los cuales los corazones bien dispuestos pueden encontrar en el sufrimiento y la crisis una nueva razón para existir. Nuevos proyectos, nuevas oportunidades para servir, grandes satisfacciones para ofrecer a los otros a manos llenas.

Busquemos el ánimo para vivir con plenitud este breve instante que es la vida, este regalo que el Creador nos ha dado; por esa única razón, debemos continuar hasta que nos llame para gozar de los grandes privilegios de su sagrada compañía.

El horizonte del Cielo, luego de atravesar la reja dorada. La luz brillante y cegadora del Cielo se abre solo para el espíritu que está ingresando al paraíso. Al tiempo, un ángel toca la trompeta de bienvenida.

El paisaje único y esplendoroso con el que un espíritu se encuentra al entrar al Cielo.

LA LECCIÓN DE DIOS

Qué maravillosa oportunidad nos otorgó Dios al concedernos la existencia... ¡Qué gran regalo! ¡Valorémoslo! No vayamos por ahí quejándonos de quiénes somos, cómo somos, de dónde venimos, adónde vamos, cuánto tenemos o no tenemos... ¡Cuán complicados somos los seres humanos! Poseemos vida, y eso es maravilloso. Las demás cosas, como el cumplimiento de las aspiraciones y los sueños, están en nuestras manos, en el esfuerzo continuo para alcanzar objetivos, en el descubrimiento de nuestras capacidades y la búsqueda incesante de posibilidades.

Dios nos armó con dones, como a los grandes guerreros, para librar muchas batallas y cumplir una *misión* durante nuestro corto *viaje terrenal*.

Durante la travesía, debemos tener cuidado de no llevar mucho equipaje, incluso se recomienda que viajemos ligeros, pues como buenos guerreros, debemos estar listos para enfrentar muchas batallas, con las cuales obtendremos fracasos o triunfos. Si la vida está en juego, qué caso tiene esmerarnos en posesiones y apegos, en sufrir y llorar... Únicamente se requiere disfrutar intensamente de las maravillas que serán descubiertas durante el viaje. Te aconsejo no titubear durante el camino, por muy difícil que sea. Hemos de andar por senderos planos y armoniosos, por otros con veredas y accidentados. Habrá calor, humedad o frío, pero tenemos que ser valientes. Se necesita mucha fortaleza para vivir. No busquemos la manera de terminar nuestro viaje antes de tiempo, nos podemos perder de grandes y valiosas experiencias, de fantásticas oportunidades, de grandes aventuras.

Estas cosas perdió un hombre que deseaba con fuerza que su vida concluyera. Conoce las razones...

Raúl falleció a causa de un cáncer. Cuando mi ángel fue en su búsqueda, se encontró con que este sufría de una gran tristeza. Cuando le preguntó los motivos, sus palabras fueron:

—Pensé que al llegar al Cielo, todo iba a estar bien, pero creo que me equivoqué. A pesar de que tengo a mis padres allá conmigo, esto no me es suficiente para estar tranquilo y totalmente feliz.

Estaba al lado de sus padres, ¿por qué no disfrutaba de su estancia en el Cielo? Observando su angustia, le dije:

—Deja que tome tus manos y permíteme trasladarme a tu pasado. Así fue. Pude descubrir que Raúl había perdido a los seres que le habían dado la vida. Primero murió su padre y, al año siguiente, su madre. Pasó muy poco tiempo antes de que Raúl cayera en una profunda depresión. Se le habían quitado las ganas de realizar las cosas que le gustaban, incluso las que tenía obligatoriamente que hacer para subsistir.

Todos los días le pedía a Dios que se lo llevara a su lado, a pesar de contar con una familia que lo amaba. Su esposa, que era una mujer respetuosa y entregada a su familia, se enojaba por la actitud negativa y desalentadora que Raúl había tomado. Era desesperante escucharlo suplicar su muerte, así como soportar su apatía para hacer las cosas. Hasta que un día lo sorprendió una enfermedad que se había anunciado con un dolor insoportable.

Raúl acudió al médico gracias a la súplica de su familia, que insistente lo había persuadido para que se atendiera. Él decía que no necesitaba revisión médica alguna; sin embargo, la persistencia del dolor pronto lo obligó a no posponer más la visita al doctor y, por fin, tomó la iniciativa para hacer una consulta y realizarse un examen de rutina.

Después de algunos días, recibió la noticia de que el resultado de su estudio médico estaba listo y que podía pasar a recogerlo. Raúl fue a la consulta con el médico y le hizo entrega del sobre que contenía los tan esperados resultados. El diagnóstico le produjo mucha sorpresa.

—Sí, señor, tengo que ser directo con usted. Sus análisis indican que tiene cáncer—anunció el doctor.

Raúl, sorprendido, le pidió que le repitiera el resultado, ya que pensó que había escuchado mal.

—¿Ha dicho usted cáncer?—preguntó.

El médico le entregó los resultados para que se cerciorara, invitándolo a que él mismo los viera.

Raúl dio lectura con detenimiento a los documentos. No salía de su asombro. Era una noticia insólita. El médico continuó explicando las formas en las que podía mejorar su calidad de vida, además de recomendarle un tratamiento de quimioterapia, pero Raúl no aceptó llevarlo a cabo, pues consideraba que se iba a morir, tal y como había sucedido con su padre. La historia se repetía.

Cuando se enteraron del diagnóstico, sus hijos trataron de animarlo y le rogaron que llevara a cabo lo que el médico le recomendaba.

Su hija de trece años de edad le suplicó, llorando, que luchara por vivir, pues deseaba con fervor que estuviera con ella en la celebración de sus quince años —el sueño que había acariciado desde niña era bailar el vals con su padre—, pero el hombre respondió:

—Está bien, hija, solamente voy a visitar al médico una vez, pero si el tratamiento no da resultado, me pondré en las manos de Dios.

Aunque Raúl intentó cumplir con la palabra otorgada a su hija, el esfuerzo que hizo fue mínimo y, lentamente, fue preso de cuadros depresivos. Por este motivo, su familia solicitó la visita de un sacerdote, a quien le pidieron que entablara una plática con él. Finalmente, una mañana el cura se presentó para ayudarlo espiritualmente. Tocó a la puerta de su cuarto y, al ingresar, le preguntó:

—*Hijo, ¿qué pasa contigo?* Necesitas cooperar y poner de tu parte para salir adelante con tu enfermedad. Tus hijos sufren mucho cada vez que te ven así. Dios te ha puesto una prueba muy difícil con esta enfermedad, pero enfréntala con valor, supérala por ti y por tu familia.

Luego del consejo, el sacerdote le habló de la fe, le dio consuelo y le recomendó nuevamente que cambiara de actitud. Lo invitó a confesarse y comulgar, y sin obtener respuesta alguna, tuvo que retirarse.

A pesar de todo, Raúl perdió toda esperanza de vida, hasta que un día el paso del tiempo dejó de transcurrir para él. Decidió olvidar que amanecía y que el atardecer caía, y acogió entre sus brazos el manto de la noche, que lo envolvió con su negrura. Su habitación perdió incluso la tenue luz que entraba por la ventana. Ahí, dentro de su habitación, se habían desmoronado los sueños; sus planes y proyectos se hicieron trizas junto con él. La muerte llegó para adueñarse de su cuerpo y de su espíritu.

Así fue como Raúl llegó a la línea, contento porque pronto vería a sus padres. Al llegar ahí, fue nombrado por san Pedro, quien le dijo:

—Ya estás en el Cielo, espero que seas feliz…Ahí te están esperando tus padres.

Raúl estaba feliz. ¡Por fin se encontraba al lado de sus padres! En pocos instantes, las palabras de san Pedro empezaron a tener un sentido profundo.

Con la ayuda de sus padres, bajó a la Tierra para presenciar su funeral. Pudo percatarse de que su esposa y sus hijos estaban deshechos. La convivencia con la apatía continua de Raúl hacia la vida los había afectado. El ambiente era deprimente, pues parecía que cada miembro de la familia debía cargar con una roca a sus espaldas.

Presenciar su funeral y ver hasta qué grado estaba afectada su familia mientras lo celebraba hizo que tomara conciencia de lo terrible de sus deseos y actos, pero no podía hacer nada para consolar a sus seres queridos. Había pedido con ansias que la muerte llegara, y ahora que había llegado para darle gusto, también le había dado una gran lección.

Con el transcurso del tiempo, empezó a darse cuenta de cómo se había perdido los momentos más importantes de su vida junto a sus hijos.

El primero de ellos fue la celebración de los quince años de su hija menor. Ahí estaba la chica, bellísima. Portaba un hermoso vestido rosa que hacía juego con el color de su tez. Parecía una princesa extraída de un cuento de hadas. Pero en el instante en el que su abuelo materno le ofreció su mano para empezar a bailar el vals, ella salió corriendo hacia al centro de la pista. Había soñado bailar el primer vals con su padre, y no podía comprender por qué él no se había esforzado para estar con ella. Su recuerdo le había arruinado la fiesta.

Era desgarrador ver cómo ejecutaba su rutina de baile sola, imaginando que estaba con el ser que le había dado la vida. Era penoso verla llorar, consciente de que su padre no se hallaba allí en ese momento tan crucial para ella. Y su familia estaba igualmente triste por ver cómo la jovencita no paraba de llorar. Las risas y el brindis fueron reemplazados por las lágrimas y el rumor de los invitados que, contagiados por la tristeza, no sabían qué hacer.

Mientras tanto, Raúl no daba crédito a lo que presenciaba. Su hija se estaba desmoronando frente a él que, deshecho emocionalmente, se arrodilló en el centro de la pista para implorarle perdón. El dolor de ver a la joven hecha pedazos en el día más importante de su vida le había causado una terrible decepción de sí mismo. Su abuelo se acercó y la abrazó para interrumpirla, y fue entonces cuando ella reaccionó y dejó al fin de llorar.

El siguiente evento a celebrar fue la graduación de uno de sus hijos. Ese día, el joven decidió festejar alcoholizándose. En estado de ebriedad, y sin importar quién estuviera presente, comenzó a hacerle reclamos a su padre.

—¡Papá! ¿Por qué no quisiste vivir?—gritaba—. ¡Ahora que tanto te necesito, no estás a mi lado…! Fuiste muy egoísta al irte sin haber luchado. ¡Te olvidaste de todos nosotros!

Los compañeros que asistían a su celebración quedaron en silencio total; se miraban unos a otros, sin saber qué hacer. De pronto, su mejor amigo se le aproximó para serenarlo y lo envolvió entre sus brazos, mientras él seguía llorando intensamente. La ausencia de su padre lo había hundido en una tristeza profunda, ya que su relación era demasiado estrecha. Eran grandes amigos.

Raúl no soportó ver a su propio hijo alcoholizado, y empezó a llorar:

—Pero ¿qué he hecho? ¡Oh, Dios, no sabía lo que estaba pidiéndote! ¡Qué egoísta fui al pensar solo en mí! ¡Dime cómo puedo remediarlo!

Después de haber permanecido durante varios meses en el Cielo, pudo comprender que a pesar de ser tan feliz por estar al lado de sus padres, había dejado a la deriva a su familia. Su alegría era tan grande como el dolor que estaban experimentando sus seres queridos.

Un día, mientras estaba en la banca de un parque reflexionando sobre sus errores y los grandes problemas que estaba padeciendo su familia, fue sorprendido por san Pedro, quien, al observar cuán deprimido estaba, le dijo:

—Hijo, no te ves tan contento como cuando llegaste aquí. Algo ha pasado. Pensé que estar en el Cielo era tu más grande anhelo. Contempla este paisaje tan maravilloso. Mira lo que hay a tu alrededor: ese mar majestuoso y azulado, esas aves hermosas con plumajes multicolores, las praderas verdes… Hay muchas cosas que disfrutar, y por lo que veo, no lo haces. Hay que tener cuidado con lo que se pide, porque en ocasiones la solicitud se convierte en realidad. Estuviste rogándole al Señor durante meses que te llevara al lado de tus padres, hasta que te concedió tus súplicas. ¿Ahora te quejas? Sucedió lo que tú querías…

—Sí, tiene razón—admitió Raúl, cabizbajo y con lágrimas en los ojos—, estar aquí era lo que había pedido, pero ahora que me doy cuenta de lo mucho que les hago falta a mis hijos y a mi esposa, sé que me equivoqué y estoy muy arrepentido, señor.

—Pero como ya te habrás dado cuenta, hijo—le recordó san Pedro—, no hay marcha atrás. Tú decidiste estar aquí y, por ello, debes asumir con responsabilidad tus peticiones. No hay nada que se pueda hacer. No los entiendo, hijos, cuando mi Dios les quita algo, se quejan, y si les da, también. He aquí el resultado.

—¿Por qué Dios no me dio señales que me indicaran cuán equivocado estaba en mis ruegos?—preguntó Raúl.

—¿Me dices que Dios no te envió señales?—replicó san Pedro, levantando la voz y obligándolo a reflexionar, y agregó—:¡Te equivocas, hijo! Él te dio muchas señales. Te enfermaste de cáncer y te dio un año para que cambiaras de opinión, pero no lo hiciste. Tu hija te lloró, te suplicó que lucharas con valentía contra tu enfermedad, y nunca te apiadaste de ella. Te visitó un sacerdote, e ignoraste sus consejos. A tu esposa la viste sufrir día y noche, y con tu amargura, no te importó. ¿Y me dices que no te dio señales? Pudiste haber evitado todo ese sufrimiento que le causabas a tu familia. Habrías podido resignarte, aceptando vivir con templanza el tiempo que Dios te había asignado. Probablemente no estaríamos hablando del tema en este momento. Tenías solo siete años más de vida, los suficientes para compartir sin egoísmo los momentos más trascendentes de tu familia a su lado, pero como te dije hace un momento, estuviste implorándole tanto a nuestro Creador que te concedió tu deseo. Ahora no te quejes.

Cuando finalmente solté las manos de Raúl, se me salieron las lágrimas. Era desolador lo que a este señor le estaba pasando. De inmediato, me pidió que le transmitiera un mensaje a su familia:

—Claudia, diles a mi esposa y mis hijos que me perdonen. Por favor, diles que nunca pensé que les causaría tanto daño—dijo, y repitió—: Diles, por favor, que me perdonen.

—Yo hablaré con ellos—aseguré con la voz quebrada—, pero mañana usted mismo tendrá la oportunidad de pedirle perdón a su familia.

Era tanta la tristeza de Raúl que esta vez no llevé adelante la entrevista de costumbre, ya que su rostro no reflejaba ánimo para contestar dichas preguntas. Ambos tomamos la decisión de concluir nuestro encuentro. Para mitigar el dolor que afectaba tanto a él como a su familia, mi ángel y yo nos dimos a la tarea de hacer el enlace entre ellos al día siguiente.

Era un viernes de mayo de 2010 cuando me entrevisté con los seres queridos de Raúl y les expliqué por lo que él había pasado. Todos lloraron y se derrumbaron anímicamente. Les comuniqué que tendrían la oportunidad de verlo durante tanto tiempo como fuera necesario para que pudieran expresarle el amor que sentían por él, aunque esto significara otorgarles más tiempo de lo debido. Sabía que lo necesitaban para cerrar ese ciclo de dolor que aún los abatía.

Antes de permitir que el espíritu del señor Raúl se hiciera presente, les anuncié que él se encontraba con nosotros en el salón, que les pedía que lo perdonaran por haberse perdido esos momentos tan importante para ellos, que estaba sumamente arrepentido de su actitud negativa durante la convalecencia, que su intención no era causar tanto dolor y sufrimiento…

Una vez transmitidos los mensajes, Raúl se hizo perceptible a la vista de todos en cuestión de segundos. La esposa de Raúl lloró y, con ternura, le expresó a su marido:

—Mi amor, ¿por qué no esperaste a que llegara tu tiempo para morir? Si supieras cómo hemos sufrido durante tu ausencia… Contigo se nos fue también la vida, aunque estamos aprendiendo a tener consuelo con la ayuda del sacerdote. Hoy tengo mucha fe en que Dios algún día nos volverá a reunir a todos como en los mejores tiempos, cuando tú estabas con nosotros. Te amo, mi amor. ¡Te amo! Siempre te recordaré y respetaré tu recuerdo, hasta el momento en el que Dios me permita estar contigo nuevamente. ¡Te lo prometo!

—¡Perdónenme!—exclamó Raúl con lágrimas en los ojos—. Yo sé que me equivoqué al tomar esa decisión. Solo quiero que aprendan de lo que hice y que esperen con paciencia el momento en el que hayan de acompañarme. He recibido una lección muy dura de Dios, pero también es tanta su bondad que me ha dado la oportunidad de pedirles perdón.

—¡No te preocupes, papá!—manifestó con compasión uno de sus hijos—. Nosotros no somos nadie para perdonarte. Solo Dios puede hacerlo. No te sientas culpable, ¡te amamos mucho más!

—Papá, ¡te amo!—exclamó la quinceañera—.Quiero que estés tranquilo. Disfruta tu estancia en el Cielo. En lo que respecta a mí, con verte hoy todo ese dolor ha desaparecido porque sé que algún día tú y yo viviremos juntos en el Cielo. ¡Te amo mucho, mucho, mucho, papá!

—Mi niña, yo también te amo muchísimo—se emocionó su padre—. Siempre asistiré a tu lado cuando me lo solicites. Háblame, y al instante me tendrás para escucharte. Aunque no me escuches, ten por seguro que sí te estaré respondiendo. Siempre seré tu fiel confidente, como cuando estaba contigo. Lo mismo es para ti, hijo.

—Por supuesto, papá—respondió su hijo, entristecido—. Recordaremos esos viejos tiempos. Por lo pronto, en cuanto llegue a casa, lo primero que haré será darle las gracias a Dios por permitirnos verte nuevamente. Esto es algo increíble, es algo que nunca imaginé que viviría. Estar frente a ti es algo que le debo solo a Dios.

—Así es, hijo—agregó Raúl—.En él siempre prevalece el amor y la comprensión hacia todos nosotros. En mi caso, he merecido esta lección a causa de mi actitud, pero él suele darnos una segunda oportunidad de enmendar nuestros errores. Y la prueba de que ha sido muy bueno también conmigo es esta oportunidad de reencontrarnos que nos ha dado, un privilegio que muy pocos tienen, y se lo agradeceré eternamente.—Luego se dirigió a la mayor de sus hijas, que estaba planeando su boda—: Hija, yo estaré presente en ese día tan especial para ti. Espero remediar un poco del daño que te hice, mi amor. También espero que seas muy feliz en tu matrimonio y que me des muchos nietos; yo los cuidaré desde el Cielo. ¡Te amo! Lleva grabadas estas palabras siempre.

—¡Gracias, papá!—contestó la joven, con una mirada amorosa—. Estoy muy feliz por verte. Esperaré el momento de mi boda para estar cerca de ti. ¡Te amo, papa! Y recuerda que nunca te vamos a olvidar. Quiero que estés ahí para que camines a mi lado y me entregues a mi futuro esposo. Aunque nadie te vea, ese día sabré que tú estarás a mi lado.

—Ahí estaré en ese momento tan crucial para ti—se emocionó Raúl—, para caminar juntos hacia al altar.

Antes de que nos soltáramos las manos, les comuniqué que el tiempo había terminado y les sugerí un último acercamiento entre ellos. Todos se abrazaron a Raúl. En ese momento, mi ángel me dio la señal para acabar con el encuentro. Él se desvaneció ante sus miradas.

Entonces habló la hija de Raúl para agradecerme.

—Usted nos ha confortado y quitado ese dolor que teníamos —dijo—. De ahora en adelante, nosotros sabemos que hay que ser felices hasta que Dios nos llame a su lado. Muchas gracias.

Luego, su madre agregó:

—Dígame, Claudia, ¿cómo hago para estar cerca de Dios, como usted?

La pregunta me pareció muy interesante y honesta.

—Ayudando a los que no tienen—respondí—. Si usted posee los medios económicos, hágalo, porque con cada buena acción que usted realice, se sentirá mejor. Además, Dios algún día se lo va a retribuir, se lo aseguro.

Aquella respuesta fue recibida con agrado.

—¡Gracias por sus consejos! Le aseguro que los tomaré muy en cuenta—afirmó.

La experiencia de Raúl es una invitación para que vivamos plenamente cada día como si fuera el último. Esta es la manera más hermosa de transitar por la vida. Ya habrá todo un tiempo eterno, después de que realicemos el viaje sin retorno, que nos permitirá reunirnos con nuestros seres queridos. Mientras tanto, agradezcamos al Creador la oportunidad de este instante, de este momento en el que respiramos, en el que tenemos vida. ¡Gracias, Señor! ¡Gracias por el bello don de la vida!

Nuestro Padre celestial es un ser supremo y perfecto; nosotros estamos hechos a su semejanza, pero carecemos de estas cualidades divinas. Por esta razón, vamos por la vida realizando aciertos y cometiendo errores. *Somos imperfectos,* y esta limitante hace que nuestra relación con los demás sea complicada, a causa de nuestros grandes errores y nuestras injusticias.

Necesitamos madurez para admitir que podemos equivocarnos, y necesitamos aun más madurez para aceptar y comprender las equivocaciones de nuestros semejantes. Podemos olvidar que, al igual que nosotros, también ellos van por la vida aprendiendo a través del ensayo y el error, y podemos cometer la injusticia de no perdonarlos cuando cometen fallas.

Las equivocaciones humanas y la incapacidad para otorgar el perdón han hecho que las familias se desintegren, que los amigos dejen de tratarse, que padres e hijos se separen, que los amores se pierdan... A veces, esto puede extenderse en el tiempo. ¿Por qué hay que esperar días, meses o años para decir un *perdóname*? Es una palabra sencilla, de nueve letras, que muestra las virtudes más excelsas de quien la pronuncia de modo sincero: tolerancia, amor y humildad.

Practiquemos el perdón ahora, en vida, antes de que sea demasiado tarde.

En el día de su cumpleaños, la quinceañera ejecutaba su rutina de baile sola.

EL FIN DE UNA INCAPACIDAD

¿Sabías que eres único e irrepetible? No existe en el mundo nadie, absolutamente nadie, igual a ti. «Ah—dirás—, vamos por la vida aceptando nuestras virtudes, deficiencias, limitaciones e imperfecciones». Es precisamente así: todas ellas hacen la diferencia entre un ser y otro. Dios no se equivocó en hacerte así, a su semejanza, pero con diferencias que fueron hechas para ti por alguna razón divina.

Acompáñame a conocer la experiencia que tuve con un niño llamado Roberto.

Imagínalo… Tenía nueve años cuando mi ángel fue en su búsqueda. Roberto llegó hasta donde yo me encontraba casi jadeando: mostraba una energía contagiosa y estaba muy, pero muy apurado, tanto que le pregunté:

—Hijo, ¿por qué vienes tan apresurado? ¿Cuál es la prisa? ¿No quieres ver a tu mamita? Ella quiere saber de ti.

—Sí, pero apúrate—dijo—, porque estoy jugando con mis amiguitos y nos estamos divirtiendo mucho.

Un poco molesta y poniendo sus manitas en la cintura, mi ángel comentó:

—¿Qué crees? Cuando llegué por Roberto y le expliqué para qué lo buscaba, no quiso venir porque estaba con sus amigos. Quería que esperara que terminara su juego, así que me respondió: «¡Espérame hasta que acabe de jugar!».

—¡No, niño!—le dije entonces, enojada, a Roberto—.¡No tenemos tu tiempo!

San Pedro, que se encontraba cerca, me vio e intervino:

—¿Por qué estás tan enojada, hija?

—Roberto no quiere venir con nosotras a platicar porque prefiere seguir jugando—le contesté—. Además, es lo único que hace.

Entonces, san Pedro lo regañó y le indicó que solo cuando terminara de platicar con nosotras, regresara a jugar con sus amigos. Roberto, indiferente, le replicó:

—¡Está bien! Pero primero necesito avisarle a mi abuelito que me voy a ir contigo. Porque si no, me regaña.

En realidad, aunque la molestia de mi ángel tenía justificación, más tarde comprendí la razón por la cual el niño se comportaba de esa manera, cuando le solicité que me permitiera tomar sus manos para transportarme a su pasado. Al hacerlo, descubrí que Roberto no había tenido una vida fácil y que había muerto a causa de una distrofia muscular. El pequeño nunca había caminado durante su corta vida. En ocasiones, sentía impotencia por esta imposibilidad de caminar, trotar, correr, subir a un árbol o una montaña... Se sentía un pedazo de hielo estático, a punto de derretirse, cuando en verdad era agua que deseaba fluir por el mundo. Su realidad era esa. Dependía de sus padres o de otros para realizar actividades básicas como trasladarse de un lugar a otro. Al mirar a otros niños, soñaba con patear una pelota, andar en patines, bailar o correr por el campo. Pero no, ese era un enorme privilegio de los demás. No obstante, en sueños siempre se veía a sí mismo corriendo con los brazos abiertos, como queriendo volar. Esos días se levantaba muy contento, diciendo:

—¡Ya sé cómo se siente poder usar las piernas, mami! ¿Cuándo tendré unas piernas nuevas de regalo?

Observé también que Roberto tenía claro conocimiento de su diagnóstico y que, por ende, la muerte era una posibilidad que sabía cercana. Por ello, siempre estaba estresado y preso de un profundo temor, casi aterrorizado.

Un día, muy enfermo, preguntaba permanentemente a su madre desde la cama:

—¿Mamá, qué es morir?

Viendo la angustia de su hijo, la mujer buscó las palabras que respondieran a su interrogante:

—Desconozco exactamente qué es, pero por lo que entiendo, morir es irte a otra vida, mi amor.

—Mamá, eso no me ayuda en nada—le dijo, enfurruñado, Roberto, que no esperaba una respuesta tan escueta—. ¡Me confunde!

La madre estaba tensa, no encontraba las palabras adecuadas para hacer sentir bien a su hijo. Sus lágrimas rodaban lentamente por su rostro.

Roberto continuaba con sus dudas y, fastidiado por la reacción de su madre, expresó:

—¡Mamá, no llores! Contéstame, ¿qué se siente?

La madre guardó silencio por unos segundos, intentando dar la mejor respuesta posible.

—La verdad, no lo sé, hijo—dijo con la voz quebrada.

Cada vez más abatido, el niño insistía:

—¿Quién me asegura que existe una nueva vida más allá de la muerte? ¡Me van a comer los gusanos! ¡Dime, mamá! ¡Dime!

La madre se esforzaba por calmar a su hijo, pero quería seguir siendo sincera.

—Hijo, no puedo responder a tu pregunta.

En ese momento crítico y de total angustia, entró el doctor para revisar a Roberto. Preocupado y sumamente ansioso, el niño rogó:

—¡Doctor, no me quiero morir!

El médico trató de ser objetivo y le explicó que había poco por hacer con su enfermedad, aunque estaban intentando todo lo humanamente posible para que recuperara su salud. Esta contestación alimentó aun más la congoja del niño.

—¡Sálveme, por favor!—le suplicó.

—¡Hijo, hemos hecho todo lo posible por salvarte, pero tu mejoría la determinará tu organismo! Hay que esperar. Yo procuro que no tengas dolor.

—¿Qué me va a pasar cuando muera?—volvió Roberto a su interrogatorio—.¡Nadie me explica! ¡Nadie me explica! ¡Dígame, por favor!

El hombre intentaba tranquilizar a Roberto, que buscaba su mirada, impaciente.

—¡Morir es un proceso natural de la vida!—terminó por responderle—. Todos algún día tendremos que morir… Todos.

—Sí, para usted es muy fácil decirlo—le reprochó el niño—. Usted no está en mi situación. Usted sí puede caminar. ¡Usted no está por morir! Me gustaría que estuviera en mi lugar, quisiera ver si su respuesta sería la misma.

Esta vez, el doctor calló. Creía en Dios, así que ante la insistencia y la angustia de su pequeño paciente, hizo un último esfuerzo confortarlo:

—¡Hijo, tienes que encomendarte a Dios! Eso te hará sentir mejor.

—Pero a mí nadie me ha platicado nada de tu Dios—dijo Roberto—. Nunca me han hablado de él. ¿Quién es Dios? ¡Dímelo!

—Para mí, Dios es el creador del cielo, la Tierra y todos los seres que habitamos en este mundo.

Esta respuesta, un poco imprecisa, no conformó al niño, que apenas estaba recibiendo algunas lecciones de religión, por lo que lo cuestionó:

—¿Cómo puedo saber si él existe?

Con gran paciencia, el médico le explicó que su religión le había enseñado que Dios existía, y que una prueba de ello era que ambos tenían vida, gracias a él.

Roberto todavía no se convencía, e insistió con más interrogantes:

—Si existe, ¿por qué permite que la gente muera?

El médico, que se dio cuenta de que los cuestionamientos continuarían sin cesar y de manera cada vez más frustrante, optó por guardar silencio por un momento y, finalmente, afirmó:

—Es un ser tan poderoso que nos presta la vida únicamente por un momento, y luego nos la quita cuando él quiere.

—¡Qué injusto!—replicó el niño—.Contésteme: si es tan poderoso como usted dice, ¿por qué no me deja vivir? ¿Qué hice para estar muriendo poco a poco? ¿Qué hice para quedar siempre sentado en una silla de ruedas? ¡Dígame!

El niño entró entonces en una crisis de llanto y comenzó a lanzar reproches hacia Dios. Era imposible de calmar.

—¡Si existes y eres tan poderoso, sálvame! ¡Eres muy injusto conmigo! ¡Sálvame si eres tan bueno como dicen! ¡Tengo terror a morir! ¡No quiero morir…!

Conmovido con la escena, el médico decidió salir del cuarto para atender a otros pacientes. Mientras, las enfermeras entraron para tranquilizarlo, alarmadas por sus gritos, y le preguntaron al niño si tenía dolor. El respondió, con frustración y enojo:

—¿Por qué todos me preguntan lo mismo? ¡No tengo dolor! ¡Déjenme solo!

Más tarde, una atenta enfermera entró y lo encontró muy molesto. Parecía un toro furioso, listo para la embestida: una nueva fuerza emergía desde lo más profundo de su ser, y planteaba sus dudas cada vez con mayor resistencia:

—¿Por qué tengo que morir?

La enfermera lo miró a los ojos, le tomó la mano y contestó:

—Te voy a explicar lo que yo sé. Cuando una persona muere, su cuerpo se queda aquí y su espíritu se va con Dios.

—¿Cómo sabes que en realidad tenemos eso que llamas espíritu? —cuestionaba Roberto, con una inteligencia nueva y extraña—. ¿Por qué tengo que morir? ¿Cómo voy a saber que los gusanos no me van a comer cuando muera?

—Mira, Roberto—respondió la enfermera, tratando de ser paciente—, cuando una persona muere, las funciones vitales se van perdiendo en cadena: el corazón deja de latir, la sangre ya no fluye por las venas. El cerebro interrumpe sus funciones; poco a poco, la rigidez del cuerpo llega y, con ella, el dolor cesa.

Roberto escuchó con atención e hizo una pausa en su interrogatorio. Parecía un hambriento que en mucho tiempo no hubiera recibido alimento alguno. Las respuestas que le habían dado hasta ese momento eran como migajas que habían abierto aun más su apetito por saber. La enfermera, que se percató del interés del chico, continuó:

—Para merecer el Cielo y tener el derecho a estar con Dios, es necesario que los seres humanos tengamos ciertos atributos. Por ejemplo, amar a nuestro prójimo, no hacer daño, no quitarle la vida a nadie… Debemos actuar en contra de todo pecado.

Roberto reflexionaba y sostenía que él no había incurrido en eso que ella llamaba *pecados*. La enfermera argumentó:

—Entonces, como no tienes pecado y sí virtudes, ten la seguridad de que cuando llegue el momento de tu muerte, te irás con Dios. Yo también procuro no pecar, para lograrlo. Debemos tener fe.

Roberto pareció satisfecho con estas respuestas, así que la enfermera optó por irse. Pero antes de que saliera de la habitación, el niño le formuló la siguiente pregunta:

—¿Qué es la fe?

Ella regresó con gusto. Volvió a tomar la mano del niño y, mirándolo fijamente a los ojos, le dijo:

—Tener fe es creer que existe vida después de la muerte, y que vas a estar en compañía de Dios cuando ese momento llegue, aunque no tengas ninguna evidencia física sobre su existencia. ¡Eso es la fe, Roberto!

El niño se quedó quietecito. Eran tan convincentes las palabras de la enfermera que por fin guardó silencio, un silencio que aquietaba su corazón… Esa fue la primera señal de que Roberto había comenzado a aceptar la muerte. La enfermera le dio un abrazo.

—Ten fe—le susurró al oído—. Dios te ama, y cuando mueras, te llevará a su lado. El Cielo es muy bonito—. Enseguida le dio un beso, le acomodó las sábanas y lo preparó para que durmiera.

El niño estaba agotado, pero cuando ella nuevamente se disponía a retirarse, esta vez fue Roberto quien le susurró:

—¿De verdad el Cielo es muy bonito, como dices?

—Sí, es muy bonito—repitió ella, y al fin se marchó para continuar con sus actividades.

La molestia y la inquietud no lo habían dejado descansar en todo el día. Su boca estaba pastosa y blanca de tanto hablar y hablar. Tenía una palidez angelical. Murió…

Como un relámpago, llegué al siguiente evento. Ahora Roberto se encontraba en la línea y se cuestionaba a sí mismo: «¿Qué pasa? ¿Por qué estoy parado? ¡No puedo creerlo, no siento dolor!».

Al llegar al Cielo, por primera vez en su vida sentía una real felicidad. Se encontraba muy contento por tener esta oportunidad. El niño miraba sus pies y decía:

—¡Puedo caminar! ¡Puedo caminar! ¡Puedo mover los pies! —Entonces se acordó de su madre, y expresó—: ¡Mi mami tiene que saberlo! ¿Dónde está mi mamá?—Pronto empezó a inquietarse porque no la veía, e intentó entender qué estaba pasando—. Hace unos minutos mi mamá estaba en el hospital conmigo, y ahora estoy aquí. ¿Dónde está ella? ¿Por qué estoy aquí? ¿Por qué hay tanta gente que no conozco?

Su desconcierto y su inocencia lo llevaron a salirse de la fila y empezar a caminar hacia atrás. Sus pasos eran inseguros, parecía un pollito que se tambaleaba. Por momentos se caía y volvía a ponerse de pie. Con dificultad, continuó caminando hasta que, ¡por fin!, mágicamente sus piernas adquirieron un movimiento potente y fuerte. Era maravilloso incluso experimentar las dificultades para dar pasos. Y así, ¡caminando!, se alejó de la entrada al Cielo, mientras le gritaba a su madre:

—¡Mamá, ¿dónde estoy?!

Caminó sin rumbo durante un tiempo, hasta que se encontró con un ángel, que le preguntó:

—¿Qué pasa, niño? ¿Adónde vas?

—Es que no encuentro a mi mamá y no entiendo por qué estoy caminando, si yo no podía hacerlo.

—Roberto—le explicó el ángel—, lo que sucede es que, en el reino de Dios, todo mundo puede caminar, ver, escuchar y hablar. Aquí no existe ningún impedimento físico. Tú estás en la línea para entrar al Cielo. Regresa a tu lugar.

Aunque sin comprender estas palabras, el niño obedeció y regresó al lugar que le correspondía. Ahí estaba el hueco que había dejado en la línea de espera. Volvió entonces a formarse y a intentar recordar cómo había llegado ahí. Entre pensamientos y recuerdos, pasó el tiempo, y llegó a la entrada del Cielo. Fue nombrado, y entonces le informaron que lo estaban esperando sus abuelos. Antes de entrar al Cielo, encontró al mismo ángel que había visto cuando caminaba desconcertado, y este le preguntó:

—¿Quieres ver a tu mamá?

—Sí, estaba esperando que alguien me dijera eso—respondió Roberto.

El ángel lo agarró de la mano y lo trasladó al mundo terrenal. Ahí estaba el ser que le había dado la vida a punto de entregarle su hijo a la madre tierra. Con un profundo dolor en el alma, la mujer lloraba. —No me gusta que mamá esté llorando—se entristeció el niño—, ni tampoco que llore mi papá. Ellos necesitan enterarse de que estoy caminando.

—Tus padres van a estar bien...—le aseguró el ángel al verlo tan aprensivo y preocupado—.Nos tenemos que ir, Roberto. Cuando llegues al

Cielo, aprenderás a bajar por ti mismo y verás a tus papás cuando tú quieras. Nos tenemos que ir al Cielo porque te están esperando tus abuelos...

Esas experiencias fueron suficientes para mí. Solté sus manos y le pregunté:

—¿Vives con tus abuelos?

—Sí—dijo—, pero lo hago por turnos: una semana estoy con un abuelo, y la siguiente, con el otro. La verdad, al principio me sentía como un huérfano. Convivir con mis abuelos es algo extraño. Nunca los traté en vida porque murieron antes de que yo naciera, y al principio yo no sentía nada por ellos. Fue difícil adaptarme a su modo de ver la vida, pero poco a poco, su cariño y sus consejos lograron que yo los quisiera. Aprendí a quererlos y admirarlos, porque son estupendos. ¡Por cierto!, diles a mis abuelas que sus esposos no se parecen en nada a como ellas los describían: ¡resultaron ser todo lo contrario!

Confundida y con cierta curiosidad, le pedí a Roberto que me explicara qué quería decir.

—Una de mis abuelas me había dicho que su esposo era muy buena gente, y es todo lo contrario. En realidad, es muy renegado. Y la otra abuela me había comentado que su marido era muy renegado, y resulta que es muy alegre y divertido. Mi abuelo renegado se enoja porque estoy todo el día en el parque jugando, pero a mí me gusta más estar ahí que con mi abuelito. Por ejemplo, ahorita tuve que avisarle que venía con ustedes. «¿Adónde vas?», me preguntó, enojado, y le respondí: «Voy a hablar con una señora. Me dijeron que ella puede hablar con mi mamá». Pero mi abuelo, desconfiado, me preguntó que cómo sabía que las personas con las que iba eran buenas. Así que le respondí: «¡Abuelo!, si fueran malas personas, no hubiera venido un ángel a buscarme, ¿no crees?». Por fin se tranquilizó y me dijo que tenía razón...

La inocencia del niño me había enternecido.

—¡Vaya que sí es renegado tu abuelo!—reconocí—. Ten por seguro que les voy a pasar tu recado a tus abuelitas.

—¡Cómo ha cambiado el mundo desde que morí hace dos años! —exclamó de pronto.

Este comentario espontaneó me desconcertó y, para entenderlo, le pregunté:

—Roberto, ¿cuánto pudo haber cambiado el mundo en dos años? Yo creo que es el mismo…

—Yo creo que no—insistió—.Desde arriba se puede percibir todo lo que pasa cada día y es posible observar la gran cantidad de problemas que tienen ustedes en la Tierra. Cuando uno está en el Cielo, deja de tener esas preocupaciones terrenales.

—Pero tú eras tan pequeño cuando estabas allí… ¿Qué preocupaciones podrías haber tenido cuando vivías en la Tierra?

—¿Cómo qué preocupaciones? ¡Claro que sí tenía preocupaciones! —aseguró, y con candor, dijo estas palabras que volvieron a despertar en mí una profunda ternura—:¿Te parece poco levantarse temprano para ir a la escuela, estudiar todos los días, entender el complicado mundo de los papás y obedecerles en todo lo que dicen? O, simplemente, ¿crees que es agradable tomarse el medicamento cuando se está enfermo? El hecho de estar en silla de ruedas no me libraba de cumplir con todas las obligaciones, como cualquier niño, de manera normal.

Luego de escuchar sus inocentes quejas y reflexionar sobre ellas, llegué a la conclusión de que mi mundo de adulto me hace subestimar el mundo de los niños, y le dije:

—Bueno, eso es la vida. Desde muy pequeños los seres humanos debemos enfrentar y resolver problemas. Respecto a la escuela, tú sabías que asistir a ella tenía como fin que te educaras y aprendieras cosas útiles que te servirían en el futuro.

—Sí, pero aquí en el Cielo no necesitamos nada de esas cosas que se aprenden en la escuela—continuó argumentando Roberto—. Además, aquí hacemos lo que deseamos sin que nadie nos diga nada.

A mi ángel, que se encontraba como siempre a mi lado, el comentario le pareció poco apropiado, así que lo interrumpió de inmediato:

—¡Eso no es cierto! Tú sabes que en el Cielo también hay reglas que debes respetar, porque si no lo haces, hay sanciones y regaños.

—¡Sí, lo sé!—reconoció él con disgusto—.Pero me refería a que tengo más libertad para hacer cosas que en la Tierra para mí eran imposibles, como correr, saltar, jugar futbol…

Interrumpí para evitar una discusión más entre ellos, y me dirigí a Roberto:

—¿Algo más que quieras agregar, Roberto?

Hizo una pausa breve y, tiernamente, continuó:

—¿Sabes? Desde que llegué al Cielo siempre he tenido mucho amor, y lo más emocionante es que pude conocer a Diosito y, más aun, estuve en sus brazos, que son grandes, muy cálidos y amorosos. Mi Dios, que es muy bueno con todos nosotros, me dijo que me necesitaba para que estuviera a su lado. Cuando hablé con él, dejé de llorar, porque me dijo que un día mis padres volverían a estar nuevamente a mi lado, y sería para siempre.

—Sí, mi amor—coincidí—.Dios es tan maravilloso que cuando uno habla con él, siente una armonía inmensa que se apodera del propio ser.

—A Diosito—agregó— todos en el Cielo lo amamos y adoramos, pero me he enterado de que en la Tierra mucha gente no lo quiere. Algunos hablan mal de él, y lo más grave es que dicen que no existe.

—Así es, mi amor—admití—.Pero toda esa gente que habla mal de Dios tarde o temprano se dará cuenta de que él es muy bueno, y los que dicen que no existe lo hacen porque están carentes de fe, aunque algún día sabrán de su existencia.

—Fíjate que aparte de los juegos de video—dijo de repente, dándole un giro total a la conversación—, en la Tierra yo tenía otras aficiones. Una de ellas era jugar con un *trenecito* que mis papis me regalaron meses antes de que yo muriera, y todavía lo hago. Cuando tengo ganas, bajo a la Tierra para visitar a mis padres, y algunas veces entro a mi habitación, que está cerrada bajo llave. Ahí aún se encuentra mi *trenecito,* con el que juego durante las madrugadas. —Entonces abrió los ojos sorpresivamente, como acordándose de algo, y agregó—:¡Claudia, hazme un favor! ¿Puedes decirle a mi madre que quien jugaba era yo, y no mi hermanito? Sé que cerraron el cuarto con llave por esa razón. Piensan que mi hermanito jugaba con el tren porque me extraña, pero él solo entraba a la recámara para averiguar qué sucedía allí.

—Está bien, yo le daré mensaje—aseguré.

De pronto, cambiando nuevamente de tema, me comentó:

—¡Mira mis piernas, Claudia! Cuando empecé a caminar, no sabía cómo dar los pasos…Están un poco flaquitas—dijo mientras se levantaba el pantalón para que las viera—, pero me gustan mucho.

En ese momento, mi ángel intervino:

—Por cierto, ¿no extrañas a tus padres?

—¡¿Cómo no?!—exclamó—.Los quiero mucho. Si supieras qué lindas caricias me hacía mi mami…

—Pues, tengo una sorpresa para ti—le anunció mi ángel.

Los ojos de Roberto se iluminaron:

—¡Dime!

—Los vas a poder ver—le contestó.

—Pero yo bajo a la Tierra y los veo seguido…—replicó Roberto, aún sin comprender.

—Pero ahora va a ser de forma diferente: en esta ocasión, tus padres podrán verte. ¿Estás de acuerdo?

El chico asintió, entusiasmado. Entonces, le comuniqué:

—Mañana mismo vas a ver a tus padres, y ellos te verán a ti.

—Gracias, gracias, gracias, Diosito—se emocionó—.Al fin sabrán que puedo caminar.

A la mañana siguiente, la numerosa familia de Roberto se reunió para la sesión. Todos estaban muy serios y listos para dar comienzo. Yo les expliqué el procedimiento de la misma con detalle. Además, les hice comentarios sobre cómo se había comportado Roberto durante nuestra plática, incluyendo las impresiones que había compartido conmigo acerca de sus abuelos, pero me reservé el hecho de que podía caminar, porque quería que fuera una gran sorpresa.

Su madre, que no paraba de llorar, me preguntó:

—¿Mi hijo está bien? ¿No le duele nada?

—Sí, él está bien—le respondí—, pero se encuentra un poco sentido, porque dice que ustedes creen que quien juega con el tren y hace ruidos en la madrugada es su hermano, cuando en realidad, es él.

La madre se me quedó mirando sorprendida, y comentó:

—¡Dígale que me disculpe!—Enseguida, se puso triste.

Para mitigar su nostalgia, le dije que esperara unos segundos, y que entonces se lo mostraría. Cuando anuncié esto, la señora se puso muy nerviosa. Tal vez seguía pensando que su hijo continuaba en la silla de ruedas.

Todos permanecían en silencio. Las abuelas estaban angustiadas. Había una gran inquietud. Finalmente, el niño se presentó ante los ojos atónitos de los congregados. De pie y a paso lento, se dirigió hacia ellos. Su familia no podía creer lo que veía. Roberto, que había vivido postrado en una cama y, luego, en una silla, caminaba por todas partes y comentaba con alegría lo maravilloso que era tener movilidad.

La madre, que no paraba de darle gracias a Dios, le dijo:

—Hijo, ¡caminas! ¡Qué hermoso te ves! ¡Puedes caminar! Ahora sí puedes jugar a lo que quieras, mi amor. Ahora sí estoy segura de que, tarde o temprano, voy a volver a verte. ¡Te amo!

—¡Yo también te amo!—contestó el niño, y continuó—:¡Y a ustedes también, abuelitas! ¡Las amo mucho!

Así, ellas también tuvieron la oportunidad de mostrar el gran amor que les inspiraba su nieto. Pedían permanecer más tiempo con el niño, pero tuve que explicarles que debía dejarlo ir, ya que otra familia esperaba que mi ángel y yo le brindáramos nuestra ayuda.

Entonces, la madre de Roberto le habló una vez más a su hijo:

—Te prometo que ya no voy a llorar por tu ausencia, mi niño. Quiero que sepas que nunca nos olvidaremos de ti porque tú eres lo más bello que Dios nos ha dado. ¡Te amamos! Cuando llegue a casa, abriré el cuarto para que juegues, mi amor, con tu tren.

—Mamá, yo no voy a dejar de visitarte—respondió él—.¡Mamá, no tengo nada! ¡Mírame! Quiero que me recuerdes así, caminando. ¡Este soy yo! ¡Cuando te sientas sola, háblame, y yo estaré ahí! Te darás cuenta de mi presencia cuando escuches sonar mi *trenecito*. Ese será un indicador de que estoy en casa.

En ese momento, intervino su hermano:

—¡Hermanito, te quiero! Ahora que mamá abra tu recámara, ven para que juguemos juntos con el *trenecito*, como hacíamos antes. ¡Te extraño un chorro!

—¡Yo nunca te he abandonado, hermano!—le dijo Roberto—. ¡Somos compas, no lo olvides! ¡Recuerda que nunca, nunca te he abandonado, y nunca lo haré!

Esta vez interrumpió su padre:

—¡Hijo, cómo quisiera que jamás te hubieras ido…! Pero ahora sé que Dios necesita de un angelito hermoso como tú. Nunca nos dejes, mi amor, porque hoy, al verte caminando, he sentido otra vez en mi corazón la presencia y la gracia de Dios. ¡No sabes cuánto te agradezco que hayas venido, hijo! ¡Te amo, te amo!

—Yo también te amo, papito—le dijo el niño—. No sufras, sé feliz, porque aquí en el Cielo tengo lo que tanto pedí. Papito, Diosito me dio, ¡por fin!, un regalo: unas piernas para poder caminar—y dicho esto, se fue.

Todos nos quedamos viendo sus piernitas. Ahora sí entendíamos su apuro: sus amigos lo estaban esperando. Ahora sus piernas le permitían hacer lo que todo niño deseaba: ¡jugar!, y eso haría eternamente.

En el paraíso no se necesita de aparatos ortopédicos porque la discapacidad es erradicada en su totalidad al llegar allí.

¡QUÉ HERMOSO ES EL CIELO!

Creemos erróneamente que la muerte siempre es dolorosa y que quien debe enfrentarla la rechaza. Sin embargo, no siempre es así. Para muchas personas, la experiencia con la muerte es negativa, pero otras, quizá muy pocas, la reciben con los brazos abiertos y con gusto, así como nosotros recibimos con agrado el anuncio de la primavera. Comparto contigo lo que en cierta ocasión me tocó presenciar durante mi servicio: es el caso de una pequeña y tierna niña.

Esta experiencia comenzó en una linda mañana. Era marzo: los capullitos de las flores estaban a punto de abrirse, las aves sacaban a sus crías para enseñarles sus primeros vuelos. Era el principio de un nuevo ciclo. Llegué al hospital muy contenta porque la naturaleza me comunicaba la alegría de Dios. Durante mi trayecto al hospital me di cuenta de que mi Creador me enviaba los primeros regalos del día a través de una fresca brisa, un sonriente sol, pequeñas flores y exóticas aves. Esta bienvenida a mis labores era espléndida. Tomé mi bitácora y revisé lo que habría de realizar.

Me esperaba una larga lista de pacientes que necesitaban recibir medicamentos, curaciones, aseo y, por supuesto, caricias al corazón, así que me dispuse a empezar mi servicio.

Un presentimiento extraño se apoderó de mí y, con él, la urgencia de entrar a la habitación donde se encontraba una pequeña niña que llevaba años luchando contra el cáncer. En ese momento, estaba convaleciente, y su aura apenas brillaba. Percibí que su momento final estaba anunciándose, tal como ese día se estaba anunciado la primavera… El alma de la niña era como un ave dispuesta a alzar el vuelo.

La mamá, a quien ya conocía, me dijo en tono confidente y preocupado:

—¡Claudia, quiero hablar contigo!

Imaginando cuál sería el tema de su charla, intenté evadir el momento. El dolor emanaba por cada poro de su piel, así que decidí posponer esa plática para evitar que el nerviosismo se apoderara de ella, y le dije:

—¡Permítame un momento, señora! En un rato vengo y, con gusto, platicamos.

La señora me miró y movió afirmativamente la cabeza, aunque notó que estaba evitándola. Quería olvidarme de ese compromiso: ¿cómo abordar el tema de la muerte cuando era su hija la que se estaba muriendo?, ¿qué palabras serían tan poderosamente convincentes que pudieran evitar el sufrimiento causado por la inminente muerte de su hija?

Durante la mañana estuve rehuyendo entrar al cuarto, pero al terminar mis actividades matutinas, decidí ingresar a la habitación. Me acerqué a la pequeña paciente, y antes de salir del cuarto, la madre me dijo, tomando mi mano:

—¡Yo sé que tú has visto el Cielo! Dime, por favor, ¿cómo es? ¿De verdad es tan hermoso como dicen?

Esa pregunta me tomó tan de sorpresa que solo procedí a describirle lo hermoso, maravilloso e indescriptible que era el Cielo, de la manera más sencilla. Le dije que había árboles gigantes y frondosos, pájaros de variadas especies, mariposas cuyos colores resplandecían como arcoíris y cascadas de agua cristalina y fresca. Cerré la conversación destacando que el Cielo era un lugar paradisiaco y maravilloso.

En ese momento, la niña, que había escuchado mi descripción, abrió sus ojitos, volteó para verme y expresó con mucha ternura:

—¡Ya vámonos! ¡Ándale, ya vámonos! ¡Mira, los niños están aquí, para llevarme a jugar al Cielo!

Su solicitud infantil era poderosa, convincente y conmovedora. Busqué los ojos de la madre para que escuchara el clamor de su hija, y cuando por fin los encontré, coincidimos en silencio y decidimos ayudar a bien morir a la niña. Nos acercamos para tomar sus manitas entre las nuestras. La madre titubeó, yo le ayudé y pronuncié:

—¡Cierra tus ojitos, mi nena! ¡Corre, vamos a jugar al Cielo! ¡Corre! ¡No te detengas!

La pequeña sonrió, confiando en nuestras palabras. Entonces le dije, alzando la voz:

—¡Vamos! ¡Corre, corre! ¡Más rápido, bebé, corre!

De pronto, su madre interrumpió, temerosa, y me preguntó:

—Claudia, ¿quién está aquí entre nosotras? ¡Siento un calor diferente!

Le respondí con prontitud, sosteniendo con más fuerza las manos, lo que ya había percibido con anticipación.

—¡Es el ángel de la niña, que la está rodeando con sus brazos!

La señora se sorprendió mucho.

—Entonces, ¿mi niña está lista?—preguntó.

Cuando me disponía a contestarle, la niña me miró y expresó:

—¡Quiero ir con los niños a jugar! ¡Me están llamando!—Soltó sus manos, levantó la cabecita, señaló hacia la ventana levantando un dedito y, sonriendo, exclamó—:¡Miren, ahí están! ¡Ahí están esos niños en la ventana! ¡Quieren acompañarme!

Volví a tomar sus manitas entre las nuestras.

—¡Cierra tus ojitos nuevamente, mi nena!—le dije—. ¡Todo va a estar bien! ¡Corre! ¡Ya vámonos!

Su madre me miró y me preguntó:

—¿Ya es tiempo, Claudia?

Yo asentí con un leve movimiento de cabeza, procurando tocar su mirada con la mía.

Ella soltó sus manos para abrazar a su hija. Acarició su frente. También colocó un beso en cada uno de sus ojos. Sabía que la niña recibiría las últimas caricias, su último abrazo en esta dimensión, y que tenía que dejarla partir. ¡La niña estaba lista! Una madre gaviota lanzaba al vuelo a su pequeña gaviotita, lista para abrir sus alas, para alcanzar el Cielo. ¡Empezaba el nuevo ciclo también para ella!

Volvimos a entrelazar las manos, nos miramos y después empezamos a decir en voz alta:

—¡Corre, mi amor! ¡Ya vámonos! ¡No abras los ojitos! ¡Corre! ¡Corre! ¡Corre con los niños! ¡No mires hacia atrás, no te detengas! ¡Corre con los niños! ¡Corre! ¡Corre, mi amor!

En ese momento, la frecuencia cardiaca cambió. Todo el día había estado en los 130 latidos por minuto, y entonces abruptamente bajó hacia los 50. De inmediato, la niña abrió los ojos y dijo:

—¡Mamá! ¡El Cielo es tan hermoso! ¡Tan bello!—Dio un largo suspiro, su ritmo cardiaco se puso en cero y murió.

La madre estaba bañada en llanto; yo también lloré. Sin embargo, sentimos, por primera vez en mucho tiempo, momentánea paz.

Su madre había sufrido durante muchos años, observando la agresividad de los tratamientos que nunca terminaban de recuperar el bienestar de la niña. También había experimentado la frustración de tener que aceptar diagnósticos negativos. Había sufrido desvelos y llantos mientras su hija avanzaba y retrocedía. En ocasiones había experimentado también momentos de júbilo. Había flaqueado su esperanza, pero después de mucho tiempo, también se había fortalecido su fe. La madre había cargado, como Jesucristo, el peso de una cruz. Y como él, soportaba el dolor, porque lo hacía con amor y por amor.

Guardamos silencio tras la muerte de la pequeña. La madre tomó entre sus brazos el lánguido cuerpecito: ¡pesaba tan poco! Pronto, llegó el médico de cabecera de la niña y le tomó los signos vitales. Declaró, después de unos segundos, que había fallecido.

Enseguida miró a la mujer que acaba de perder a su hija y expresó con pena:

—¡Lo siento, señora!

El doctor solo ratificó lo que, momentos antes, ella y yo habíamos presenciado. La madre lloró apaciblemente y musitó entre sollozos:

—Esperaba un abrazo de su abuelo, pero no llegó.

El médico, que también tenía un gran aprecio por la niña, la miró con ojos tristes. Tomó a la niña en sus brazos y le dio un tierno abrazo. Miró nuevamente a la madre, y respondió:

—¡Aquí está el abrazo de su abuelo!

La señora volteó para mirarlo y le agradeció su gesto. Después, todos quedamos en silencio. El médico se retiró, y la madre permaneció mirando el cuerpecito de su hija.

Yo salí de la habitación y rompí en llanto. También había vivido momentos de gran tensión y desesperación. Mi ángel me abrazó y me dijo al oído:

—¡No llores...! La pequeña está bien.

—¡Lo sé!, pero tú sabes que era una niña muy especial para mí.

Vi que mi ángel tenía lágrimas en los ojos.

—Voy al Cielo para acompañarla en la fila—dijo con premura.

Como siempre, ahí estaba mi niña angelical, iluminándome, otorgando la palabra exacta y apoyándome en los momentos más tristes y desoladores, para brindarme consuelo.

Después de unos minutos, cuando regresé al cuarto, la madre me preguntó:

—¿Hay alguien aquí?

—Hay una señora joven en el cuarto—le respondí, y pasé a describírsela.

—Es mi hermana—dijo—. Por favor, pídele que cuide mucho a mi nena.

En ese momento me enteré de que la hermana de la señora había fallecido tiempo atrás.

—No se preocupe, ella la está escuchando—le comuniqué—. Dice que cuidará a la niña como si fuera propia, hasta que se llegue la hora en que usted la supla.

La señora derramó nuevamente el llanto y expresó palabras de agradecimiento a su hermana en voz alta.

La muerte de la niña fue dolorosa, pero aun así, sabíamos que se encontraba en el reino de Dios y, por siguiente, que estaba mucho mejor, porque la pequeña gaviotita había abierto sus alas, había llegado al Cielo y se había posado en la manos del Creador, para recibir la vida eterna.

En ocasiones, sin embargo, la unión con mis pacientes y sus familias se hacía muy estrecha gracias a la gran cantidad de tiempo que pasaban en el hospital. En especial si se trataba de niños, me daba a la tarea de seguir ayudando espiritualmente a los padres cuando sus hijos morían.

Mi intención era que ellos se resignaran en el menor tiempo posible. Para lograrlo, yo subía al Cielo a jugar con los niños y aprovechaba para platicar con ellos. A mi regreso, traía mensajes que los angelitos les enviaban. Todos los padres, sin excepción, mostraban con sinceridad su agradecimiento y cariño. Sus palabras me fortalecían y me hacían sentir que realmente podía aminorar un poco el gran dolor que estaban padeciendo. La tarea no era nada fácil, pero mi ángel y yo nos tomábamos el tiempo necesario para lograr nuestra misión de brindar paz y tranquilidad a sus corazones destrozados.

CAPÍTULO III

Enseñanzas Celestiales

En las siguientes páginas compartiré contigo otros misterios que he descubierto a través de mi ángel, al subir al paraíso, y relataré la plática que mantuve con dos espíritus que me dieron un importante aprendizaje para mi existencia. Son historias sobre el purgatorio que, aunque breves, dejan grandes enseñanzas: ¿qué pasa con el suicida?, ¿cuál será su sentencia en el purgatorio?

Asimismo, incluiré breves charlas con Dios, Jesús y la virgen de Guadalupe, quienes dirigen el rumbo de mi misión para el bienestar de las personas que acuden en mi ayuda. Espero en este capítulo te fortifique el espíritu y responda algunas de tus dudas sobre el mundo espiritual.

EL PURGATORIO

¿Cómo debe ser la vida de una persona para que esta tenga derecho a entrar al Cielo? ¿Adónde van los espíritus cuando su vida terrenal no fue apropiada? ¿Existe, aun así, alguna oportunidad de que lleguen al reino celestial? ¿Qué es el purgatorio? ¿Qué sucede ahí...? Estas son las preguntas que tiene la mayoría de la gente sobre este interrogante. Te las expondré a través de la experiencia que me ha tocado vivir.

PRIMER CASO

La vida es tan maravillosa e importante que debemos cuidarla, protegerla y amarla. Es un tesoro. Sin embargo, tomar la vida como un juego nos puede dar una gran sorpresa. Eso mismo les sucedió a Joel y Miguel, un par de amigos inseparables. Aquilata su tragedia.

Joel tenía diecisiete años cuando murió trágicamente. Por esta razón, mi ángel fue en su búsqueda, pero no lo encontró en el Cielo. Nadie sabía de él. Casualmente, su rastreo la llevó hasta un joven que lo conocía y había sido su compañero, llamado Miguel. Cuando fue a su encuentro, Miguel estaba leyendo un libro, y mi ángel lo interrumpió para decirle:

—Disculpa que interrumpa tu lectura, pero me dieron información de que tú conocías a Joel. Lo ando buscando, pero no lo he encontrado por ningún lado. ¿Es verdad que lo conoces?

—Sí, lo conozco, era muy amigo mío. Desafortunadamente para él, no se encuentra en el Cielo, sino en el purgatorio.

—¿Me quieres acompañar para que así nos puedas dar mayor información acerca de la muerte de tu amigo?—le preguntó mi ángel.

—Sí, claro—Cerró su libro y se levantó. Después, agregó—: Aunque primero quiero decirte que vivimos juntos la tragedia que a mí me tiene aquí, y a él, en el purgatorio.

—¿Murieron juntos?—se sorprendió mi ángel, y quiso saber, intrigada—:¿Tuvieron algún accidente?

El joven bajó la cabeza y empezó a recordar.

—Necesito platicarlo—dijo al fin.

La seriedad y tristeza del joven puso más atenta a mi ángel, quien siguió interrogándolo:

—Entonces, ¿no fue una muerte común?

—No puedo olvidarlo—comentó Miguel con pena.

—Entiendo, Miguel. Por favor, acompáñame, hay personas en la Tierra que necesitan saber el paradero de ustedes. Existe una mujer llamada Claudia que puede platicar contigo y con tu familia a la vez, ¿te gustaría hacerlo?

Como un relámpago, la tristeza de Miguel tornó en alegría. Por supuesto, estuvo de acuerdo.

Cuando el joven llegó a donde me encontraba, mi ángel se encargó de presentarnos. Después de la presentación formal, le mencioné que, tomando sus manos, me dirigiría a su pasado para saber lo que había sucedido. Miguel aceptó con gusto. Inmediatamente, me ubiqué en el lugar de la tragedia, para presenciar un hecho inaceptable.

Una tarde en la que no tenían nada que hacer, decidieron iniciar un juego peligroso. Un juego que pondría a prueba la valentía de un par de jovencitos que querían experimentar cómo se sentía ser *hombres*. Un juego que medía sus capacidades físicas y mentales. Jugaron a retar a la muerte: «¿Quién aguantará más sin respirar?», esa era la idea.

Así que, sin que ninguno de los dos supiera realmente quién había propuesto el juego, y antes de que tuvieran tiempo de pensarlo, un cinto estaba en las manos de uno de los jovencitos. Miguel lo colocó en su cuello, mientras Joel le decía:

—Ahora contaré en voz alta e iré apretando el cinto hasta que ya no aguantes más. Avísame con las manos —y comenzó—: uno, dos, tres, cuatro…

Cuando llegó a veinte, Miguel estaba rojo y sudoroso a causa de los nervios y la presión que ejercía en su cabeza la fuerza del cinto. Sus manos se movían como un ventilador, hasta que Joel soltó el cinto.

—¡Ay, Miguel! No aguantas nada… Sigo yo —dijo, vehemente.

Era el turno de Joel. Miguel llevó a cabo la misma operación.

—Joel: uno, dos, tres… ¡Veinticinco! ¡Me vas ganando!

Ahora Joel no solo movía las manos, también agitaba los pies. De pronto, comenzó a jalar la camisa de su amigo para avisarle que era suficiente. Miguel dejó de apretar el cinturón, y el oxígeno llegó nuevamente a los pulmones de su amigo, que aspiraba aire como pez fuera de la pecera. Esperaron unos minutos. Entre tos, risas y nervios, Joel sugirió:

—¡Ahora va la definitiva! ¡Vamos, Miguel!

Miguel, un poco temeroso, volvió a colocar el cinto en su cuello, y empezó nuevamente la operación. Joel apretó el cinto, pero esta vez lo hizo más fuerte. Reía, apretaba con fuerza, con más fuerza aun, y se olvidó de contar… No era a propósito, estaba entusiasmado con el juego. Miguel, sorprendido y nervioso, colocó las manos en el cinto. Sentía tanta presión en su garganta que empezó a moverse por el piso de un lado a otro: en vez de mover las manos en señal de alto, pataleaba. Se puso rojo; luego, morado, debido a la falta de oxígeno. Por último, dejó de moverse y de respirar. Joel dejó de inmediato de apretar el cinto. Lo quitó y exclamó:

—¡Miguel, Miguel, no bromees! No me avisaste con las manos, ¡pensé que querías ganarme…! ¡No me hagas esto! ¡Responde!

Entonces, empezó a darle respiración de boca a boca, a presionar su pecho, pero Miguel no respondía. Repitió una, dos, tres veces la misma operación de primeros auxilios. El sudor que salía de su cara goteaba y manchaba la camisa de Miguel, que había muerto. Sus ojos, desorbitados, se clavaron en la mente de Joel… ¡No era posible! Sin querer, Joel le había quitado la vida a su amigo. Muchas cosas pasaron por la mente del joven: los recuerdos de su amigo, el juego, los abrazos, las risas, la convivencia. También el regaño de sus padres, las lágrimas de los padres de Joel. Se veía esposado, en una cárcel. Pudo imaginar el funeral y se vio a sí mismo llorando la ausencia de Miguel. Enseguida, vio a todos rodeándolo y gritándole: «¡Eres un asesino! ¡Mataste a tu mejor amigo! ¡Asesino! ¡Asesino! ¡Malvado…!». Sí, Joel había sido el mejor amigo de Miguel, pero en ese momento se convertía también en su verdugo, ¡en un asesino…!

El joven no podía más con aquel sentimiento de culpa. Luego, lo invadió la locura. Dejó de sentir y de pensar. Enseguida, puso el cuerpo de su amigo a un lado y se arrodilló junto a él. Tomó nuevamente el cinto, lo amarró a una silla y lo colocó alrededor de su cuello. Se persignó y, con el rostro bañado en sudor y lágrimas, empezó a apretar el cinto con una fuerza asombrosa. Sus manos temblaban mientras ejercía presión. Y a la postre, cayó como un muñeco de trapo, sin vida, a un lado de su amigo. Juntos, como siempre, así quedaron sus cuerpos, esta vez sin vida.

En consecuencia, Joel llegó a la línea marcado con el color amarillo, que lo destinaba al purgatorio.

Mi ángel fue a buscarlo. Lo observó desde la altitud del primer Cielo, y así descubrió que a Joel lo tenían recogiendo piedras con una pala como castigo. Era una operación que se repetía una y otra vez, como el conteo que los había llevado a encontrarse con la muerte.

Cuando hablamos con las familias, estas no podían creer lo sucedido. Ellos creían que el juego se había convertido en una tragedia. Les expliqué:

—Miguel murió de esta manera porque ya era su hora de morir. Desafortunadamente para su hijo Joel, señora, aún no era su tiempo, y esa es la razón por la cual fue castigado con el purgatorio.

La señora se puso triste al enterarse de que su hijo estaba en el purgatorio, y me preguntó:

—¿Puedo saber cómo se encuentra?

—Mi ángel, que lo observó desde el primer Cielo, dijo que se veía apacible, pero triste. Además, me señaló que estaba recogiendo piedras con una pala, ya que tal era su castigo.

La mamá me dijo, sorprendida:

—Fíjese, Claudia, quiero confesarle que lo que menos le gustaba a mi hijo era recoger cosas.

—Cuando un espíritu va al purgatorio, le dan la encomienda de hacer lo que no le gustaba en vida—comenté, intentado darle un poco de consuelo a través de una explicación sobre la razón de ser del purgatorio—.Creo que Dios, que es justo, siempre tiene un castigo para aquellos que hacemos las cosas mal, y un ejemplo de una acción o decisión inadecuada es el suicidio. Joel no debió juzgarse a sí mismo, debió esperar a ser juzgado de acuerdo a las leyes humanas. Pagar su culpa, aprender de la lección, purificar su alma y esperar la justicia divina.

»Cada uno de nosotros tiene una hora, un momento, un destino divino que indica cuándo dejará de vivir. Solo Dios puede decidir cuándo ocurrirá nuestra muerte. Miguel me explicó que a Joel le dieron una condena de veinte años en el purgatorio, porque esa era la cantidad de años que le quedaban por vivir cuando tomó la decisión de suicidarse: su hora de morir era a la edad de treinta y siete años.

Al escuchar mi explicación, la madre de Joel lloró con amargura, impotencia y dolor.

—¡Señora, no llore!—le rogué—.A lo mejor para cuando usted llegue al Cielo, su hijo ya habrá purgado su culpa y ya habrá subido. No le dieron mucho tiempo para pagar su condena, solo le queda esperar. Por otro lado, debe estar consciente de que su hijo tomó una mala decisión y, por ello, cumpliendo su condena, limpiará su alma.

La señora sacó un pañuelo de su bolsa, se tranquilizó y dejó de llorar. Después de mi respuesta, me dio las gracias por la ayuda recibida, y nos despedimos. Para finalizar, comentó:

—No hay duda, Claudia, que Dios sí castiga cuando uno comete acciones prohibidas y pecados.

Sus palabras me parecieron sabias.

—Así es, señora—afirmé—, y Dios castiga muy fuerte cuando un espíritu lo merece. No hay nada que se pueda hacer para escapar de la justicia divina. Muchos creen que si se arrepienten unos momentos antes de morir, serán perdonados, pero no es así. Sería muy cómodo si todos cometiéramos delitos y perjudicáramos a los semejantes, y unos segundos antes de llegar a la línea, pudiéramos solicitar que nos perdonen. Una vez en la línea, no hay perdón. Hay que buscarlo antes de que Dios efectúe el balance de nuestra vida terrenal, y así seremos considerados para entrar al Cielo en el momento de nuestra muerte. De lo contrario, el destino final será el purgatorio.

Cuando terminé mi explicación, me dijo:

—Reciba mis bendiciones, Claudia, y pida por que el espíritu de mi hijo sea liberado.

—Tenga mucha paciencia, su hijo estará bien. Él cometió un acto indebido a causa del miedo que le produjo la muerte de su amigo. No era mala persona, y usted lo sabe. Bríndele tiempo al tiempo para que salga de ahí. Cuando eso suceda, verá que subirá al Cielo.

—Gracias, Claudia, sus palabras le han dado mucha paz a mi corazón. Dios la cuide siempre.

Después, nos despedimos.

SEGUNDO CASO

Otra condena que a mi ángel se le permitió presenciar fue la de un señor que en vida mataba en nombre de Dios. Se escudaba en la palabra del Señor para matar, extorsionar y secuestrar, pero como a todos nos va a tocar en algún momento entrar a la línea, a él también le tocó después de morir en un enfrentamiento con la policía.

El hombre seguía pensando que estaba vivo y continuaba con una actitud prepotente. Gritaba, daba órdenes de que avanzara la fila. Se preguntaba: «¿Por qué estoy marcado con el color amarillo? ¿Qué significará esto? Tal vez soy una persona muy importante...».

Sin embargo, pronto hallaría la respuesta. Mientras se encontraba en la línea, le gritaba a la gente que se moviera:

—¡Bola de infelices, caminen! ¡Muévete, tú!—le decía al de adelante.

Pero era ignorado. Así estuvo insultando a todo aquel que lo estuviera mirando. Cuando tenía tres días y medio de estar formado, y a punto de llegar, avanzó con desesperación hacia donde se encontraba san Pedro. Al verlo, este le preguntó, indignado:

—¿Qué haces aquí? ¡Vete a tu lugar!

—¿Qué, no sabes quién soy?—dijo altaneramente el hombre—. ¿No sabes con quién te metes? ¡Tienes tus días contados, compadre! Nomás que salga de aquí, y verás cómo te va ir...

—Por lo visto, no sabes dónde estás—respondió san Pedro, mientras sonreía, moviendo la cabeza de lado a lado—. Regresa a tu lugar.

El señor continuó con sus groserías, pero como san Pedro se limitó a ignorar sus insultos, finalmente regresó a su lugar. Cuando llegó su turno, lo dejaron esperando, mientras los que venían atrás de él pasaban. Esta situación empezó a desesperarlo, y continuó con los insultos a san Pedro:

—¡Te aseguro que de este día no pasas!

Cansado de escucharlo, san Pedro lo llamó.

—Pasa para acá, es tu turno. Vamos a haber si eres tan valiente como dices. Empecemos, así terminamos rápido contigo. Como hiciste tanto mal y eres una persona sin sentimientos, y como sabemos que tu esencia seguirá siendo maligna, irás al purgatorio. Tú no mereces entrar al reino del Señor.

Tu sentencia es de 32 años por cada muerte que cometiste con tus propias manos, y 30 años por cada una de las que ordenaste. Empieza a sumar las vidas que quitaste más las muertes que ordenaste. Nosotros estamos al tanto de todas tus fechorías durante tu tiempo de vida. Tenemos registradas 35 muertes realizadas por ti y 185 ordenadas. Así que, si calculamos, el resultado es de 6,670 años, los cuales pasarás en el purgatorio incomunicado. El trabajo que realizarás será jalar un arado para labrar la tierra; cuando termines tu condena, analizaremos si estás listo para entrar al Cielo.

La noticia lo impactó tanto que los ojos se le fueron humedeciendo poco a poco y, antes de que se lo llevaran los ángeles hacia abajo, no pudo contener el llanto. Gritó largamente:

—¡Nooo!—Se hincó y, llorando, le dijo a san Pedro—: No es justo que me castiguen, di la palabra de Dios.

—Sí—le respondió certeramente—, tú utilizaste la palabra de Dios, pero dime, ¿en qué parte de las escrituras del Señor está escrito que matarás, secuestrarás y extorsionarás en su nombre? ¿Dónde dice tal cosa? ¡Respóndeme!

—¡Perdóname, Dios mío!—imploró.

—Hijo, ya es tarde para pedir perdón. Ponte de pie—le ordenó san Pedro.

El hombre obedeció y empezó a empequeñecerse. Se quedó callado y, con la cabeza mirando hacia el piso, escuchó la última orden que san Pedro les daba a los ángeles:

—¡Llévenlo al purgatorio!

—Dios, perdóname—alcanzó a expresar, abrumado.

Las historias que acabo de relatar nos dejan algunas enseñanzas. No he podido conocerlas en profundidad debido a la poca comunicación que puede tener mi ángel con los espíritus condenados al purgatorio, pero en principio, nos dan una idea de que la justicia divina se hace presente para castigar a quien se dedique a actividades que tengan como fin perjudicar a nuestros semejantes. Por otro lado, cabe decir que los castigos se corresponden con la magnitud de la falta, por lo que pueden ser muy fuertes e, incluso, tener una duración eterna.

Nuestro Padre celestial siempre manda los mensajes necesarios para corregir nuestro camino cuando nos desviamos. Dichas señales están ahí, para que nuestro instinto y nuestra percepción las detecten. Pero, por falta de intuición, a veces no las entendemos o no las captamos, y seguimos nuestros pasos por el camino incorrecto, sin cambiar nuestro rumbo, hasta que Dios se da por vencido.

Ustedes se preguntarán, ¿cómo es que Diosito se da cuenta de nuestro proceder? La respuesta es que tiene emisarios, llamados ángeles, que lo auxilian llevando una bitácora donde se registran diariamente las acciones de cada persona. Así, cuando llega el momento en el que alguien concluye su paso por esta dimensión y debe continuar en otra, pueda presentarse una valoración justa de su proceder. Con el recuento de las acciones realizadas en la vida terrenal, se decide el lugar al que se deberá trasladar el espíritu y, si es necesario, deberá purgar sus fallas o pecados.

Lo explicaré con un ejemplo ilustrativo. Recordemos que, en las cárceles, los criminales pagan una condena acorde a la magnitud de sus acciones. Así, se evita que continúen dañando la integridad de su sociedad y se espera que cuando finalicen sus penitencias, se puedan reincorporar a ella.

El purgatorio cumple fines similares, pero con algunas diferencias que analizaremos a continuación. En las cárceles se puede estar cerca de los seres queridos, por medio de las visitas permitidas. Además, allí se puede convivir con los demás internos. Por otro lado, los reclusos no están obligados a trabajar.

En el purgatorio, como hemos descripto en los casos anteriores, sucede todo lo contrario. Cuando un individuo muere, conserva—ya sea en el Cielo o en el purgatorio— lo que ha sido su esencia durante su vida terrenal. Por esta razón, a las personas que se dedicaron en la Tierra a delinquir y a dañar a sus semejantes se les niega disfrutar del paraíso. Por el contrario, si el individuo tuvo una vida recta, se ganará su estancia en el Cielo.

Los espíritus que se encuentran en el purgatorio elevan su mano para pedir la clemencia de Dios y que este les permita alcanzar el Cielo. Allí, el contacto con sus seres queridos que se encuentran disfrutando del paraíso es solo visual.

SOLAMENTE DIOS JUZGA

A continuación te presentaré una de las experiencias más significativas que he vivido, en la que se ejemplifica cómo la intolerancia puede provocar gran dolor a un ser humano.

Un cierto día, una mujer llamada Rocío me contactó para pedirme que encontrara a su hijo, quien había muerto a causa de una enfermedad progresiva. Su nombre era Rodrigo, y tenía la edad de treinta y siete años cuando falleció.

Ella estaba preocupada debido a que los prejuicios y temores durante mucho tiempo la habían convertido en una madre poco interesada por la vida y los problemas de su hijo Rodrigo. Este decidió mantenerse separado del hogar materno para conservar una sana relación, y a pesar de que sufría de una larga enfermedad, la soportó a solas hasta que la muerte lo sorprendió.

Después de este hecho, Rocío no dejó de pensar que su proceder había sido incorrecto; sin embargo, no podía evitar imaginar que su hijo no estaría en el Cielo por ser homosexual, y esto la hacía sentir tristeza y mucha inquietud. Ese fue el motivo por el cual acudió con nosotras, para que nos diéramos a la tarea de contactar a Rodrigo.

Mi ángel y yo estuvimos de acuerdo en que era importante buscarlo. Además, finalmente él nos ayudaría a responder las preguntas que algunos amigos nos hacían frecuentemente: «¿Qué pasa con los homosexuales cuando mueren? ¿Son enviados al purgatorio como castigo? ¿Dios no ama a los homosexuales a causa de su orientación sexual?».

Parecía que Diosito había escuchado estas interrogantes tantas veces que nos había enviado a Rodrigo para responder, a través de él, nuestras inquietudes. Y aunque mi ángel sabía las respuestas a estas preguntas, siempre se negaba a darlas porque lo consideraba innecesario. Por otra parte, debido a la encomienda de que encontrara las respuestas por mí misma, con su ayuda, si yo insistía en tocar el tema, ella guardaba silencio o concluía con una explicación que se convertía en un serio llamado de atención. Esta vez me dijo:

—Entiende, Claudia, que hay cosas que no te puedo responder. Ten paciencia, ya te he dicho que todo llega a su debido tiempo. Cuando Diosito me eligió para realizar esta misión tan importante para él, tuve que comprometerme a no revelar información confidencial. Todo lo que es revelado ha sido autorizado por Dios, para que las personas tengan pruebas de su existencia y rectifiquen su camino. Rodrigo es parte de ello.

Yo asentí.

Esa misma noche, mi ángel fue en busca de Rodrigo. Cuando el joven llegó ante mí, me pareció como cualquier joven de su edad. No detecté nada fuera de lo común en él: se veía de lo más normal, como cualquier persona. Hasta pensé que mi ángel se había equivocado, pues no se parecía a la descripción hecha por su madre. Aun así, lo saludé. Le expliqué que tomándole de las manos, podría enterarme de las circunstancias de su muerte. Tomé sus manos, y entonces observé que, durante su estancia en la Tierra, había sufrido mucha discriminación, burlas, falta de respeto e indiferencia. También vi que había visitado muchas veces el hospital por razones de salud. Su vida nunca había sido totalmente feliz.

El último evento que visualicé, y que me causó mucho pesar, fue con un automóvil de color negro que lo seguía. Luego, tres individuos se bajaban para golpear a Rodrigo salvajemente, al punto de provocarle graves heridas en el rostro. Su vestimenta acababa teñida de sangre. Habían llegado incluso a orinar su rostro, mientras le gritaban y le decían palabras humillantes.

Estas escenas fueron el detonante para desenlazar nuestras manos, y también me permitieron comprobar que mi ángel estaba en lo correcto: era él a quien buscábamos.

En seguida le dije que su madre quería verlo. Rodrigo no pronunció palabra cuando supo que ella lo buscaba. Durante esta pausa, noté preocupación en su rostro, e intervine para preguntarle el porqué de ese silencio. Angustiado, me dijo que no comprendía la razón por la cual lo buscaba, pues años antes de su muerte, él había decidido romper su relación con ella. Esta ruptura se había debido a que ella no aceptaba ciertos aspectos de su vida personal. Por lo tanto, el encuentro le causaba mucha intranquilidad.

Para fomentar la armonía entre ellos, le recomendé a Rodrigo que se reconciliara con su madre, ya que ella principalmente quería tener la oportunidad de pedirle perdón. Rodrigo aceptó y, con sabiduría, me recordó que el único que perdonaba era Dios.

Para agilizar la entrevista, no demoré en preguntarle:

—Cuándo llegaste al Cielo, ¿averiguaste el porqué de la existencia del homosexualismo en la Tierra?—quise saber, intrigada.

—Por supuesto que lo hice, pero lo primero que recibí fue un fuerte regaño por parte de mi guía espiritual, cuando lo cuestioné sobre este tema.

Luego, mi guía me dijo, tajante: «Rodrigo, ¡lo siento!, pero yo no te puedo dar las respuestas a tus preguntas en relación con este tema. Nuestro Padre celestial me tiene prohibido estrictamente responder a estos cuestionamientos. Además, creo que lo más importante es que tú te encuentras en el paraíso, disfrutando de él. Todo lo referente a este asunto no debería de tener importancia para ti, ya es parte de tu pasado terrenal… Para concluir con este tema, te voy a puntualizar lo siguiente: cuando llega el momento de juzgar a uno de sus hijos, nuestro Padre celestial en absoluto toma en cuenta su orientación sexual para calificar su estancia en la Tierra, y la muestra eres tú. También te quiero enfatizar que el hecho de ser homosexual no es un motivo para ser enviado al purgatorio, sino otros factores, como los crímenes ya conocidos por la humanidad. Entre ellos, se encuentran los "crímenes de odio". Lamentablemente, en la Tierra muchos individuos se equivocaron y asumieron una tarea que solo le corresponde a Dios: juzgar. Estas personas juzgaron indebidamente a este sector de la población y cometieron crímenes atroces en su contra, sin imaginarse que al momento de llegar aquí, serían enviados al purgatorio. Aquí, estos espíritus purifican sus almas a través de condenas bastantes extensas, acordes a las circunstancias y al dolo de los crímenes que ejecutaron indebidamente en la mundo terrenal».—Luego, Rodrigo agregó—:Por más que intenté conseguir más información sobre el homosexualismo con los demás guías, me fue imposible, porque son muy reservados en dar detalles concernientes a ciertos asuntos…

Debido a que el tema era difícil de abordar, mi ángel me ordenó que no profundizara más, pues mi misión e intención no era encontrar las razones por las cuales una persona es homosexual, sino saber adónde iban los espíritus cuando dejaban la Tierra. Encontrar a Rodrigo en el Cielo me permitió hallar algunas respuestas a la gran cantidad de enigmas que existen sobre este tema en particular.

Lamentablemente, cuando íbamos a concretar el encuentro, la madre de Rodrigo tuvo que salir de emergencia fuera del país a causa de que un familiar se encontraba gravemente enfermo. La comunicación se perdió por completo y no pudimos llevar a cabo el contacto.

A pesar de que la historia concluye aquí, quiero hacer hincapié en que Rodrigo fue una persona con grandes valores familiares y morales.

Siempre respetó y toleró a su familia y a los desconocidos, incluso después de ser agredido verbalmente, en diversas ocasiones. Cuidó con celo las demostraciones de amor hacia su pareja, reservándolas para ellos. Constantemente guardó la compostura y estuvo alejado de exhibicionismo; respetaba siempre los lugares adonde asistía. Fue un hijo tenaz, ejemplar y trabajador. Ejerció la profesión de abogado, con la que se ganaba la vida.

Sumado a esto, siempre asistió a sus semejantes, a los que ayudaba en lo económico y lo profesional cuando no tenían los medios suficientes para pagar sus servicios. Sencillamente, en el caso particular de Rodrigo podemos decir que él sí gozaba en vida del paraíso, pues era un ser humano extraordinario dedicado al servicio de los demás.

Quiero resaltar que las sociedades actuales aún tienen mucho que aprender sobre el tema: la mayoría de los homosexuales han sufrido en exceso a lo largo de toda la historia, y todavía lo hacen. Esto se debe a la ignorancia y a la carencia de valores humanos que permiten sentir empatía hacia los otros: el amor, el respeto y la tolerancia, virtudes que muestran la grandeza del alma humana.

Recomiendo a todas las personas que hagan como Rodrigo, que se acepten tal y como son, que expresen sus verdaderos sentimientos. Los exhorto a enfrentar el rechazo también con respeto y tolerancia hacia los otros. De esta manera, lograremos que los hombres y las mujeres nos amemos sin distinción alguna, tal como Dios nos lo pidió en los albores de la creación humana.

MIS CONVERSACIONES CON SERES DIVINOS

Dos semanas después del fallecimiento de mi suegra, por segunda ocasión ingresé al Cielo. Nuevamente experimenté las mismas sensaciones que en la primera visita. Observé la belleza de los paisajes celestiales, la grandeza de los árboles y la nitidez de los ríos, que son como espejos brillantes. Admiré las cascadas inmensas y la gran variedad de mariposas multicolores. Encontré un gran parque donde se congrega la gente sin distinción de clases sociales, razas o religiones. Ante los ojos de Dios, todos los seres humanos son iguales y comparten la misma felicidad. Esa noche confirmé las espléndidas sensaciones y los privilegios jamás imaginados que había podido disfrutar antes.

En esa oportunidad fue cuando, mientras recorría el Cielo, por primera vez escuché la voz de Dios. Es una voz maravillosa, no existe otro término para describirla. Al escucharlo hablar, al escuchar sus palabras, se experimenta una emoción de paz infinita. Tuve el privilegio de que se dirigiera a mí:

—¿Cómo estás, hija? Veo que muy bien acompañada de tu ángel... Dime, ¿por qué te desesperas tanto con la gente que no cree en tus palabras, cuando hay cosas más importantes por las cuales preocuparse, no crees? Te puedo decir que todas las cosas vienen a su tiempo, ni un minuto antes, ni uno después. Especialmente aquellas que vienen de mis designios —y mientras decía esto, Diosito acariciaba mi cara con sus manos grandes y cálidas, y me transmitía un calor especial.

Debido al impacto que me había ocasionado su sola presencia, únicamente alcancé a decirle:

—¡Gracias, Padre mío!

Luego, nuestra conversación se enfocó en la gente que hace el mal y desconoce el consecuente castigo de ser enviado al purgatorio, un sitio al cual a nadie le gustaría que fuera enviado un familiar, ya que su sufrimiento sería implacable.

Me atreví entonces a hacer un comentario:

—Padre, pensé que las críticas habían quedado en el pasado y que, después de dieciséis años, no volvería a pasar por lo mismo.

Su respuesta fue sabia:

—Hija, tienes que aprender que las críticas e insultos serán parte de tu vida. Esto que te acongoja es como las olas de mar, que llegan con mucha fuerza y golpean la costa, pero luego se alejan, una y otra vez, continuamente, sin fin. Así será tu vida de aquí en adelante, y tendrás que ser paciente con todos tus detractores. ¡Confía en mí! Yo pondré todo en su lugar cuando sea su momento. Te repito mi pregunta: ¿Confías en mí?

—Sí, Padre, confío en ti totalmente.

—Entonces deja todo en mis manos y nunca pierdas la fe en mí, hija. Yo te aseguro que, con el tiempo, desterraré todos los males de la humanidad.

Obedecí su mandato con humildad:

—¡Tienes razón, Señor, todo será a su tiempo!

Luego, se apartó de nosotras para que continuáramos nuestro recorrido por el Cielo.

Nuestra conversación me había fortificado para que no me doblegaran las críticas y los insultos, para así poder seguir ayudando espiritualmente a la gente que confiaba en nosotras.

En mi tercera visita al Cielo, estaba jugando con la arena cuando de pronto hallé una tortuga. El animalito era de una especie excepcional y, a su lado, detecté a unas arañitas. No les tenía miedo, ni siquiera sentía el impulso de matarlas.

De pronto, cuando volteé hacia mi derecha, descubrí que ahí se encontraba sentado Dios. Al mirar hacia allí, experimenté nuevamente esa emoción única que solo él nos puede transmitir: paz y alegría absolutas. Sin embargo, por más que tenía el deseo de observar con detenimiento su rostro y sus manos, simplemente me era imposible mirar hacia arriba: una fuerza inexplicable me lo impedía. A pesar de eso, por primera vez pude preguntarle a Dios los motivos por los cuales me había otorgado mis dones.

—Hija, te otorgué esos dones, que irás descubriendo poco a poco, con la ayuda de tu ángel, para que sirvas a la gente en mi nombre. También te advierto que te pondré algunas pruebas muy duras, pero sé que podrás superarlas.—Antes de retirarse, tocó mi cara, y agregó—: Yo confío en ti, hija mía. Sé que lograrás superar todo lo que yo ponga en tu camino. Aunque las piedras sean como montañas, las podrás cruzar.—Finalmente, Dios se marchó.

Todo eso me hacía sentir realmente especial.

Si bien todas mis conversaciones con él eran muy cortas y precisas, siempre era muy específico sobre el tema que quería tratar. Para mí, aquellas charlas eran edificantes, beneficiosas, tanto que se convertían en el impulso para continuar cumpliendo con sus encomiendas.

Una de las pláticas que tuve con Dios en un arenero, por encima de las nubes y rodeada de arañitas.

La cuarta vez que asistí al paraíso pude jugar a las escondidas con mis niños, aquellos que había cuidado y atendido durante su estancia en el hospital. Un día antes, mi ángel les avisó a todos que yo los visitaría para verlos y aprovechar la oportunidad para jugar.

En esa ocasión había diecisiete niños para acompañarme. Inmediatamente acordamos jugar a las escondidas y decidimos poner reglas, como hacemos en la Tierra. Una de ellas consistía en no poder cambiar de un lado a otro al instante: debía ser como en el juego original. Por otra parte, en el Cielo existía una variante: como ahí hay mucha vegetación, además de lagos, era muy difícil encontrar a quien se escondiera en esos lugares. Era muy divertido encontrarme con todos los niños y platicar mientras jugábamos...

Mi ángel y yo casi siempre estábamos juntas para escondernos. En una oportunidad se nos ocurrió que podíamos meternos en el lago. La temperatura del agua era muy agradable, así que decidimos quedarnos en ella, escondidas, durante un buen rato. De pronto, mi ángel se percató de la presencia de un niño que en cada ronda de juego siempre aparecía al final, después de que lo buscábamos por un buen rato. Fue así como descubrimos su escondite. Mi ángel le dijo:

—¡No, niño, eso no vale! Tienes que salirte de aquí. En este momento les voy a avisar a todos que estás haciendo chapuza.

—¡Esa regla nunca la pusimos!—le respondió el niño—. Hasta donde yo sé, uno se puede esconder donde quiera.

—Tienes razón—dijo mi ángel—, pero si nosotras no nos hubiéramos metido al agua, nunca te habríamos encontrado. Además, se nos dificulta hacer la búsqueda en este lugar.

—¿Entonces, por qué ustedes se metieron al agua?—replicó el niño—. No vale, ¡están haciendo chapuza también!

—Bueno, vamos a salirnos de aquí—intervine yo en ese momento—, y no cuenten nada, así tendremos un escondite secreto.

Tanto mi ángel como aquel niño listo aceptaron la propuesta.

Salimos entonces del lago e hicimos un descanso. De pronto, observamos que Jesucristo venía caminando hacia nosotros. Mi ángel y yo nos dirigimos hacia un frondoso árbol rodeado de mariposas, y él se aproximó para saludarnos y hacerme una pregunta:

—Hija, ¿en verdad te gusta tu estancia aquí?

—Sí, es muy hermoso, en especial cuando aquí, en el Cielo, puedo jugar con todos estos niños. A todos los conocí personalmente en la Tierra. Fueron mis pacientes alguna vez.

Jesucristo me dio su mano, y nos sentamos. Luego llegaron los niños, y todos se sentaron a su alrededor. Entonces, nos empezó a comparar con las mariposas que volaban a nuestro alrededor: la transformación que ellas atraviesan es como la que nosotros vivimos cuando pasamos de la Tierra al Cielo. Todos escuchábamos con atención las palabras sabias de Jesús. Por último, para terminar nuestra plática, me dijo:

—Hija, veo que mi Padre no se equivocó al elegirte. Estamos orgullosos de ti porque hasta ahora lo has hecho de la forma correcta. Esperamos que continúes como hasta este momento.

Yo agradecí sus palabras y me comprometí a no defraudarlos nunca. Jesús siguió su camino, mientras los niños y yo decidimos reiniciar nuestro juego.

Junto a un árbol gigantesco, alrededor del cual vuelan miles de mariposas, los niños juegan y Jesucristo se sienta a leer.

Estas imágenes muestran tres torres que se encuentran en el Cielo.

La que se halla a la izquierda es de cristal. Allí están todos los libros que la humanidad ha escrito desde los albores de la civilización hasta la época contemporánea.

La que se encuentra en el centro es de color plateado. En ella se guardan diversos objetos, así como restos arqueológicos. Entre todos ellos, destacan todos los inventos que el ser humano ha realizado a través del tiempo.

La torre de la derecha es de color dorado. Contiene obras de diferentes manifestaciones del arte, entre las que se destacan la pintura y la escultura. Ahí se conservan lienzos, cuadros y murales, así como joyas y una infinidad de trabajos bellamente realizados por pintores, escultores y artesanos.

En estos recintos arquitectónicos se podrá encontrar todo lo que Dios guarda como muestra de la evolución y de lo que la humanidad ha dejado a su paso.

EL PAYASITO COLORÍN

La vida es un privilegio divino. Es similar a un espectáculo que reserva muchas sorpresas. Sorpresas que nos hacen reír y que nos hacen llorar… Y así vamos por el mundo: construyendo, soñando, gozando, sufriendo y llorando.

El Creador nos otorgó la potestad excepcional del libre albedrío para que reflexionemos y elijamos qué actitud tomaremos durante nuestro corto viaje sobre la Tierra.

De esto trata el siguiente testimonio: lo que piensa un niño sobre la vida y su sabia experiencia. Hay quienes dicen que el arcoíris es la sonrisa de Dios que se nos presenta para recordarnos que siempre hay esperanza… Pues, bien, inspirado en el arcoíris Colorín, este niño—que aspiraba a ser artista— eligió ese nombre. Perdió la vida apenas a los catorce años, a causa de una enfermedad hepática.

Luego de experimentar un duelo doloroso, la madre de Colorín acudió a mí para pedirme que mi ángel y yo contactáramos a su hijo. ¡Lo extrañaba tanto! Y su vida se había vuelto aun más triste, pues a la tristeza por el fallecimiento de su hijo se sumaba la falta de fe, que a partir de ese momento reinaba en su corazón.

Colorín no solamente le había dado amor a manos llenas a su madre, sino que además había iluminado cada día de su existencia, dándole fortaleza. Pero, de pronto, un día se había ido al Cielo.

Mi ángel fue, como siempre, en su búsqueda, y lo trajo para platicar conmigo de su vida y de muchas cosas de gran valor. Para darnos felicidad, vino vestido con su traje de payaso, de llamativos colores: amarillo y morado.

Yo no sabía cómo había muerto, y antes de que pudiera preguntárselo, con una confianza admirable, él inició la charla:

—No quiero que se sorprendan por la forma en que visto. En la Tierra, mi deseo era ser cirquero cuando fuera adulto. No me importaba si se trataba de un payaso, un mago o un trapecista. Lo único que deseaba era trabajar en un circo famoso. Quería deambular de lugar en lugar con animales exóticos de tierras lejanas y brindar alegría a niños y adultos, ofrecer un espectáculo donde las personas se olvidaran de los problemas y vivieran por unas horas la fantasía y la ilusión del circo, recibir la admiración y los aplausos de la gente, ser iluminado por los reflectores, escuchar la música sonando fuerte, vestir con lentejuelas brillantes y presentar el espectáculo en compañía de originales artistas… ¡Guau! ¡Qué alegría…! ¿Sabes? Mi papá, que sabía de estos deseos, un día me compró en la ciudad de Las Vegas un juego de magia, unas cartas y una varita mágica con todo y sombrero, y aún están ahí en mi casa, guardadas en una caja junto a otros juegos.

En esta ocasión, estaba acompañada de mi suegra y mi ángel, y las tres pudimos aprender de las grandes enseñanzas que Colorín nos ofreció. Descubrimos que ese niño con ansias de ser cirquero, en el Cielo realizaba periódicamente algunos actos circenses y mostraba trucos a sus amigos. Tenía habilidades tanto histriónicas como para la magia, y no pudimos evitar que nos diera una muestra inolvidable de su maravilloso talento artístico.

Su gran espectáculo estaba dividido en actos. En el primero de ellos, se montó a una bicicleta imaginaria que poseía solo una rueda. Hacía acrobacias con ella, pero las hacía sobre el suelo, como si estuviera pedaleando una bicicleta verdadera, y se inclinaba hacia un lado y otro, como si fuera a caer. Daba vueltas de manera rápida y continua; luego, hacía movimientos zigzagueantes o para atrás y adelante. Era muy cómico, y causaba risa especialmente cuando se movía de un lado a otro, simulando su caída. Mientras hacia las acrobacias, emitía sonidos que invitaban a recordar la música de circo: «ti ti ti ri ri ti ri ri ti…».

En el segundo acto, presentó un truco. De un elegante sombrero, y tras pronunciar las palabras mágicas «san Saliván, san Salaván, observen la magia que a ustedes sorprenderá», salió una paloma, blanca como la nieve, que se perdió en el Cielo. También extrajo un hermoso y tupido ramo de flores coloridas. Mi suegra y mi ángel disfrutaban igual que yo de la representación. Sus rostros tenían dibujada una sonrisa y sus ojitos brillaban como luceros nocturnos, más aun con el cierre del segundo acto, pues las flores fueron una sorpresa muy emotiva.

Al concluir el acto, el niño repartió proporcionalmente el ramillete entre nosotras, sus espectadoras, pronunciado este discurso:

—¡Una parte de estas perfumadas flores, de color rojo, son para una preciosa niña; otra parte, de flores amarillas, para una hermosa y elegante dama; y, por supuesto, también le entrego preciosas flores a usted, señora!

Por último, en el tercer acto el niño cirquero se colocó una nariz de payaso y empezó su show con estas palabras:

—Soy un payaso triste… ¡Ah, no…! ¡Soy un payaso feliz!

Luego continuó sorprendiendo a su pequeño público lanzando unas pelotitas de variados colores al aire y, mientras las movía, tarareaba una vez más la música de circo: «ti ti ti ri ri ti ri ri ti…». Mi suegra y mi ángel continuaban emocionadas, sonriendo y aplaudiendo; yo me reía discretamente.

Cuando terminó el último acto, le dije al niño:

—¡Hijo, ya es tarde! Por favor, dame tus manos para reubicarme en tu pasado, así sabré qué te sucedió en el momento de tu muerte.

—¡Espera, todavía no he terminado!—replicó él—.Me falta mostrarles lo que hago con los aros…

Pero fue interrumpido respetuosamente por mi ángel, que para persuadirlo, le informó que aún había otras personas que se encontraban en espera de recibir nuestro apoyo espiritual, y así logró que su pasión circense fuera suspendida.

A continuación, Colorín extendió sus manos y las puso entre las mías. En aquel momento, me coloqué en su pasado y me percaté de que antes de morir, incluso cuando sabía que le quedaba poco tiempo de existencia, era muy feliz al lado de su familia: me conmovió su actitud positiva ante la vida. Su familia había pasado una larga temporada de tensión y angustia, a la espera de un donante de hígado que nunca llegó.

Es triste saber que hay personas con grandes prejuicios que no les permiten aceptar que la donación de órganos es una manera de ofrecerle la oportunidad de vivir a alguien que la necesita. Por esta razón, hay muy pocos donantes, pero una larga, muy larga, lista de gente que está al borde de la muerte, esperando ayuda. Quizás esta era la razón por la cual Colorín, que sabía que sus oportunidades eran pocas, esperaba el órgano con paciencia pero sin emoción alguna.

Pude notar su fortaleza espiritual cuando decía, con la enorme nariz roja de payaso puesta y refiriéndose al color ceroso que tenía su piel a causa del problema hepático:

—¡Soy un payaso, y no necesito maquillarme porque soy de color amarillo!

También me sorprendió descubrir una charla muy interesante que el niño sostuvo con una enfermera un día antes de morir. Ella, fastidiada por la jornada de trabajo, entró a la habitación sin saludar. Su dureza la hacía parecer una estilizada estatua de sal. Sin pronunciar palabra alguna y con rapidez mecánica, realizaba la toma de signos vitales. El niño la miraba apaciblemente, siguiendo con detenimiento la operación de la enfermera y obedeciendo sin queja sus instrucciones silenciosas.

Antes de que la dama se retirase, el niño le dijo, en tono de confianza:

—Quédate un ratito para platicar.

—¡No puedo, tengo mucho trabajo pendiente qué hacer!—le contestó ella.

Colorín insistió hasta convencerla para que se sentara a su lado. Luego sacó un chocolate de su cajón y se lo ofreció. La enfermera no quiso recibirlo, con el argumento de que no tenía hambre. Ante la negativa, el niño le preguntó:

—¿Acaso no te gusta tu trabajo? Te ves mal.

—¿Por qué me dices eso?—replicó la mujer—.¡Claro que sí me gusta, y mucho!

—A mí me parece que no te gusta—agregó Colorín, con mirada penetrante—.Deberías quitarte esa cara de enojo. ¿No ves que tu mala actitud se refleja de inmediato en todo lo que haces? Nosotros, los pacientes, luchamos contra alguna enfermedad, y lo único que queremos ver son, cuando menos, caras felices, y no a gente ofuscada.

—Todas las personas, incluyendo las enfermeras, en algún momento de nuestra vida pasamos por situaciones difíciles que nos hacen estar de mal humor—respondió ella, un poco molesta por aquellas palabras.

—Tienes razón—aceptó el niño—, te comprendo. Pero si estas pasando por algún problema, no deberías traerlo aquí a cuestas. De otra manera, parece que no te gusta lo que haces, y entonces, yo te sugeriría que cambiaras de profesión, porque tu actitud no favorece a tus pacientes. En verdad es incómodo recibir el maltrato de alguien que se supone que debe servir—dijo, molesto, y agregó—:¡Vamos, cambia esa cara! ¡Sé feliz! Ahora estamos aquí, mañana, quién sabe dónde... Me gustaría que te pusieras en mi lugar, así te darías cuenta de qué sentimos cuando estamos en una cama esperando la muerte. A la mejor, en un día o dos ya no voy estar aquí, pero ¡mírame!, ¡soy feliz!, ¡en verdad lo soy!

Después de escuchar esas palabras tan duras, la joven rompió en llanto. Sus lágrimas rodaban como cristales diminutos por su rostro. Le pidió perdón a Colorín y le hizo compañía hasta llegada la noche. Una vez que se hubo dormido, la enfermera se retiró. Al día siguiente, el niño murió.

Cuando solté sus manos, no pude menos que admitir:

—Colorín, nunca había tenido la oportunidad de conocer a un niño tan maduro como tú a pesar de tu corta edad.

—¿Por qué en la Tierra las personas no tratan de ser felices con lo que tienen?—inquirió—.Se quejan de todo... Si están gordos, se quejan; si, por el contrario, son flacos, se quejan; si tienen que ir a trabajar, se quejan; si no hay trabajo, también. Por si fuera poco, se quejan de que no les gusta lo que hacen en su trabajo y lo toman como si fuera un castigo. Las personas no se entienden ni siquiera a sí mismas, y menos a los demás. Deberían recapacitar y tratar de conocerse.

»Te voy a poner un ejemplo, el mío propio: cuando uno es pequeño, sabe a qué querrá dedicarse cuando sea grande. En mi caso, yo quería ser cirquero o desempeñar cualquier papel relacionado con ello. Eso era lo que a mí más me gustaba hacer, a pesar de que mis papás me regañaban. Entonces, para no contradecirlos, decía que iba a estudiar para ser un gran empresario y hacerme responsable de sus negocios, algo que no me gustaba en lo más mínimo. De todos modos, yo iba a ser cirquero, aunque mis padres no estuvieran de acuerdo con mi decisión. Finalmente, no hubo tiempo, me faltó concluir mis planes porque la muerte llegó primero. Mi proyecto de vida quedó a medias. Soy igualmente muy feliz, porque mi sueño se cumplió en el Cielo. Aquí ofrezco espectáculos a mis amigos, además de practicar lo que me hubiera gustado hacer en la Tierra. Soy cirquero y divierto a los niños, nadie me lo impide… Dime, ¿qué les impide a los adultos ser felices?

—Tú mismo acabas de expresarlo: los adultos somos complicados. Tal vez un impedimento para alcanzar la felicidad sea no tener estabilidad o solvencia económica, otro puede ser la carencia del amor de una pareja.

—Bueno, es respetable lo que tú dices, porque el dinero se necesita para resolver problemas, comprendo que es indispensable.

»Respecto al asunto del amor, cada quien tiene su media naranja, y tarde o temprano, ambas mitades han de juntarse y perdurar, siempre que se trate de un sentimiento genuino.

»Te voy a decir lo que pienso sobre ciertas actitudes que me desagradan de la gente. Creo que el único impedimento que tiene una persona para ser feliz es ella misma. El problema es su egoísmo, sus exigencias, sus complejos y sus frustraciones; sin ellos, todos los seres humanos tienen muchas opciones para lograr la felicidad.

»Veamos un ejemplo que nos haga evaluar lo que sucede en el mundo laboral. Si no es agradable el oficio, la profesión o la actividad que se desempeña, existe la posibilidad de cambio, porque nadie obliga a persona alguna a que realice tal o cual oficio, profesión o actividad. Una clave para encontrar la felicidad está en tomar decisiones y hacer elecciones libres en la vida, elecciones que sean de entera satisfacción y agrado.

»Es extraño cómo la vida nos presenta contradicciones aleccionadoras. Cuando estaba en el hospital, yo veía a personas que trabajaban en el área de intendencia, y nunca observé en ellas cara de molestia mientras realizaban sus actividades. Disfrutaban de su trabajo a pesar de lo difícil que es limpiar, trapear y recoger basura todo el día, aun cuando recibían a cambio una limitada remuneración. Sin embargo, algunas personas del servicio médico, si bien tienen una noble profesión y aceptable salario, realizan con poco interés su labor. Yo mismo pude experimentar la molestia de alguna de ellas.

»Creo que a ciertas enfermeras en los hospitales se les olvida su vocación de servicio y su misión. No llegan a comprender o no recuerdan que los pacientes necesitan un trato respetuoso, así como la motivación que brinda el ánimo para recuperarse de sus males. Pareciera que en lugar de dar ánimo, dan el pésame. No entienden que uno, como paciente, quiere ver a un personal con ética y con auténtica entrega a su servicio.

»Los seres humanos nos quejamos de todo, por cualquier cosa. Nuestra naturaleza se caracteriza por la inconformidad. Hay personas a las que les cuesta mucho esfuerzo ganarse algunos pesos para comer, incluso hay quienes no tienen ni qué llevarse a la boca, y son más felices que nosotros. Raramente valoramos lo que Dios nos da para ser felices.

»La clave de la felicidad está en hacer las cosas que nos gustan con pasión. Cuando alguien hace lo que más le agrada, no tiene dificultad para desempeñarse con eficiencia. Por el contrario, cuando realiza sus labores porque no existe otra alternativa o porque la necesidad lo obliga, se desenvuelve sin verdadera entrega. ¿Por qué martirizarte con hacer lo que no te gusta, si está en las manos de cualquier mortal la posibilidad de cambio…? De la parte más profunda del ser debe salir la respuesta para resolver el problema y ser feliz.

»Quiero ilustrarte este tema con mi situación. Yo morí hace seis años y podría no ser feliz porque mis papás no están aquí conmigo, pero no es así. Yo soy muy feliz porque los visito seguido. Les hago mis trucos de magia y, aunque no me vean, me da un gusto inmenso, porque estoy disfrutando de su compañía. No sufro al saber que mis papás no se enteran de mi presencia porque sé que, algún día, ellos me volverán a ver.

»Los seres humanos no se dan cuenta de que Diosito les pone obstáculos en sus vidas justamente para que los esquiven, para que no se tropiecen con ellos, para que los superen… Pero muchos no lo logran, debido a que sus decisiones no son las adecuadas. En la Tierra siempre existirá la oportunidad de cambio o de encontrar diferentes alternativas para elegir lo mejor: lo que no se desea puede cambiarse por algo que sea satisfactorio.

»Una persona que vive en el Cielo me dijo una vez que cuando un árbol se corta, se puede transformar en papel, en algún mueble, en una casa o en una barca. Así es la vida. En cada uno de nosotros, en nuestro libre albedrío, está la posibilidad de convertir nuestra existencia en tristeza o felicidad. Dios, con su omnipotencia, otorga el don de la vida, pero está en las manos de cada persona elegir la manera de enfrentar lo que esta le depara y hacer de ella espinas o lindas rosas.

—Colorín, has expresado con propiedad tus argumentos sobre el comportamiento de la mayoría de las personas, sin duda alguna dices la verdad cuando expones esas reflexiones tan constructivas. Fue un placer platicar contigo—comencé a despedirme—. Pero, como ves, hay otro niño esperando su turno, y ya es muy tarde. Cité a tu mamá para el lunes, así te podrá ver. Por último, ¿quieres que le dé un mensaje a tu mami?

—Dile que la amo mucho.

Después de estas palabras, le di un beso en la mejilla como despedida.

El lunes por la tarde que habíamos acordado para la cita, Colorín se presentó nuevamente con su vestuario de payasito, en verdad humorístico, de colores brillantes y coloridos. Su cara estaba pintada de blanco, lo que causaba mucha risa. Una enorme sonrisa colorada resaltaba por sobre todo, y no faltaba, por supuesto, su enorme nariz roja.

Antes de mostrarlo, mi ángel lo instruyó para que su demostración de actos circenses fuera breve, pues no disponíamos de mucho tiempo. Su presencia causó sentimientos encontrados de tristeza y alegría en todos los presentes, quienes se deleitaron con el arte, la fantasía y la ficción con los que él empapaba el ambiente. Su repertorio era el mismo que había realizado en nuestro primer encuentro, pero el orden de cada acto había cambiado.

Así comenzó su espectáculo ante un público gratamente impresionado por las habilidades mostradas con el monociclo. Su show del payasito arrancó carcajadas, y más aun cuando acompañó sus trucos con la música de fondo que tarareaba al compás de los movimientos: «ti ti ti ri ri ti ri ri ti...». Los aplausos afloraron entre los asistentes, quienes se habían trasladado imaginariamente al escenario circense, motivados por el arte del niño. El espectáculo de Colorín parecía tan maravilloso como los de los circos que todos conocemos. De pronto, el público guardó un silencio total, porque Colorín iba a presentar su último acto, el del elegante sombrero: «san Saliván, san Salaván, observen la magia que a ustedes sorprenderá...». Unos segundos después, extrajo el hermoso ramillete de flores con los colores del Cielo: había flores amarillas, moradas y blancas, de diferentes tamaños. Enseguida, como todo un caballerito educado, se trasladó hacia el lugar donde su madre estaba sentada, se hincó y le dijo:

—Mamita, estas flores son para la madre más hermosa del universo: ¡tú! ¡Te las obsequio como muestra del gran amor que te tengo!

—¡Mi amor, gracias por las flores, son muy bellas!—le contestó la mujer, mientras las recibía, con lágrimas en los ojos.

—Mamá, ¿recuerdas que, cuando tenía diez años, tú y yo hicimos algo que nos gustó mucho?—preguntó entonces el niño.

—¿Qué es lo que hicimos, mi amor?—dijo la madre, con ternura.

—¿Te acuerdas que compramos un *kit* de capullos de mariposas, las dejamos crecer y, una vez convertidas en mariposas, me dijiste que debíamos soltarlas? Fuimos al jardín y las dejamos volar para que fueran libres. Me dijiste que en este mundo, todos tienen derecho a la libertad, incluso las mariposas. Quiero que sepas que en el Cielo hay muchas mariposas muy bonitas, de muchos colores. En el Cielo en el que estoy, el color predominante es el morado—y agregó—: Quiero que sepas que allá también son libres, y te tengo preparada una sorpresa.

—¡Cuánto gusto me da!—comentó la mujer—.Pero dime, hijo, ¿cuál es la sorpresa que me tienes preparada?

Cuando Colorín dijo que tenía reservada una sorpresa para su madre, no sospeché nada. No imaginaba qué haría, porque pensé que sus actos circenses habían terminado, aunque al terminar su último acto me percaté de que tenía el puño cerrado.

Finalmente, anunció:

—¡Mamá, esto es para ti!

Entonces extendió el brazo hacia a ella, abrió su mano y, ante la mirada atónita de todos, salió una gran mariposa, diferente a cualquiera que hubiéramos visto: era de intensos colores morado, azul y rosa, una especie verdaderamente bella. Fue presentada ante nuestra vista como una muestra del segundo Cielo. Colorín la había atrapado solo para que su madre supiera de la existencia de mariposas en el lugar donde él se encontraba.

La mariposa voló hacia la señora y se paró en su hombro durante varios segundos, así que ella y todos los que estaban presentes tuvieron la oportunidad de observar con detenimiento ese ser único y maravilloso. Mi ángel, en cambio, se enojó, porque no estaba permitido hacerlo, mucho menos debido a que los asistentes a la sesión no estaban preparados para recibir una muestra de esa naturaleza. Hubo gente que se puso histérica, dos de las tías de Colorín se desmayaron y muchos de los ahí presentes quedaron en *shock*. Al ver lo que el niño había hecho, mi ángel le preguntó:

—¿Qué estás haciendo, Colorín? Nos van a regañar por lo que hiciste. Eso no está permitido, nada más te dieron permiso para mostrar las flores y tus actos circenses.

—Le pedí permiso a Diosito—contestó él, seriamente.

Mi ángel inmediatamente confirmó la veracidad de su respuesta; por otra parte, era un niño bueno y era verosímil que Dios le hubiera dado ese privilegio de mostrar la mariposa a su madre. De todas maneras, le dijo, enojada:

—Sí, Diosito te dio permiso, pero a mí no me dijiste nada. Mira cómo está tu mamá y toda la gente. Les has provocado una verdadera conmoción.

—¡Lo bueno es que fue rápido y la mariposa ya partió para el Cielo! —respondió Colorín con mucha ingenuidad.

Finalmente, después de la impactante experiencia provocada por la presencia de su hijo, la señora expresó:

—¡Gracias, mi niño! Siempre voy a recordar este momento y voy a seguir soltando mariposas por y para ti.

—Mamá, eso lo hice para que creas en Dios y te enteres de que estoy muy feliz—le contestó él con alegría.

—Señora—intervine en ese momento para expresar mi opinión—, acaba usted de recibir una prueba que Dios le manda a través de las manitas y la presencia de su hijo. Esas flores y, por supuesto, esa gran mariposa, son un ejemplo de lo hermoso que es el Cielo—y dichas estas palabras, anuncié que el momento de concluir la sesión había llegado.

Las personas estaban en silencio, como respirando una paz celestial. Entonces, Colorín se dirigió a su mamá y le dijo:

—¡Recuerda, mamá: yo te amo y estaré esperándote en el Cielo…! ¡Sé feliz!

—Claudia—interrumpió mi ángel, y anunció—:Colorín tiene que irse. Hay niños en el Cielo que están aplaudiendo y aclamando su nombre, ¡quieren verlo!

El niño se puso muy contento, y ante los ojos llenos de sorpresa y lágrimas de todos los concurrentes, tomó su monociclo, se montó en él y emprendió su retirada hacia el Cielo a toda velocidad. Mientras ascendía, de vez en vez volteaba hacia atrás y nos lanzaba besos imaginarios, hasta que de pronto se esfumó de nuestra vista.

El recuerdo de su presencia dejó en nuestro corazón una alegría inimaginable, no menor a la felicidad que a partir de este momento se reflejaría en el rostro de su madre. Ahora cambiaba su tristeza por alegría, como cuando, después de la lluvia, el Cielo se ilumina para embellecerse con la mágica sorpresa del arcoíris, la sonrisa del Creador…

Colorín lanza la mariposa proveniente del segundo Cielo, una especie realmente hermosa.

LA VISITA DE LA VIRGEN DE GUADALUPE

El 12 de diciembre siempre fue una fecha importante para mí, así que le comenté a mi ángel que tenía el deseo de ver a la virgen de Guadalupe. Esa misma noche, ella hizo su aparición en mi hogar. La virgencita morena a la que admiraba con todo mi corazón me visitaba… Estaba realmente contenta. Dentro de mi habitación, su luz era tan intensa que cegaba. Entonces le recordé que de niña había tenido el orgullo de representarla, y le pregunté:

—¿Recuerdas, madre, cómo te venerábamos cuando yo era niña? Hace ya más de treinta años de ello.

La virgencita me escuchaba en silencio y me ofrecía a cambio una sonrisa maternal y una paz indescriptible.

—Mi mente me lleva hasta aquellos días—continué—, en los que, una semana antes de la celebración de tu cumpleaños, tenía que ensayar desde temprano para que en tu día todo saliera bien: ¿cómo olvidar el 12 de diciembre? En especial, la última representación que realicé. Desde que abrí los ojos aquel día, una felicidad inmensurable llegó a mí. Sentía que tú y mi abuelo estaban acompañándome. Mamá confeccionaba con sus propias manos el atuendo que portaría para personificarte. ¡Cuántas veces un vestido como el tuyo salió de una caja para usarse el siguiente año…!

»A mi casa llegaba una gigantesca troca a la que decoraban como el mismo cerro del Tepeaca. Un compañerito de la iglesia hacia las veces de Juan Diego, y yo me ponía en el centro sin moverme, para que representáramos su veneración. Realmente me sentía muy orgullosa… ¿Cómo no portar con orgullo aquel atuendo, ¡si tú me brindabas la oportunidad de ser elegida para representar tu grandeza y beatitud!? ¡Gracias, madrecita!

»Durante cuatro horas, la troca recorría la colonia Guadalupe. Tras ella, una procesión de feligreses nos acompañaba con cantos y rezos. ¿Recuerdas, madre, aquellos cantos…? "Desde el Cielo, una hermosa mañana, desde el Cielo, una hermosa mañana, la Guadalupana, la Guadalupana, la Guadalupana, bajó al Tepeaca…", y atrás, los matachines, o danzantes, bailaban para ti durante el camino. Y luego recorríamos importantes calles de la ciudad de Chihuahua para llegar a tu hogar, "El santuario de Guadalupe". ¡Seguro que sí lo recuerdas, madrecita!

»Al llegar ahí, mi corazón latía más fuerte que nunca, pues había llegado la hora de venerarte y ofrecerte el ramo de flores blancas que habíamos preparado con mucho amor como regalo. Para mí, todo el año era una larga espera de ese momento; sin embargo, estando ante la grandeza de tu presencia, bondad y belleza, me parecía que habían sido solo segundos, segundos que me permitían alcanzar la felicidad.

»Después de colocar las rosas blancas ante tus pies. Todos escuchábamos con atención la misa de nuestro querido y respetado sacerdote, que en su discurso religioso nos recordaba las razones por las cuales elegiste a tu pequeño hijo Juan Diego como portavoz para pedir a los monjes españoles la construcción de tu casa, y desde entonces, los mexicanos acudimos a recibir tu ayuda, tus bendiciones, tu amor y tus milagros.

»Al final de la misa, continuábamos con la celebración de tu cumpleaños en casa de mi abuelito. ¡Mi viejo! ¿Cómo agradecerle haberme puesto en este camino?

»¡Parece que fue ayer, virgencita de Guadalupe! El tiempo ha pasado y mi lindo vestido quedó entre los recuerdos infantiles, pero desde entonces cada día mi amor va en aumento. ¡Te amo, virgencita linda!

La Virgen Morena se acercó a mí, puso sus brazos alrededor de mi cuello y besó mi frente. Después puso sus delicadas manos en la cabeza de mi esposo y la de mi hija, les dio su bendición y se retiró, diciendo:

—Me voy, hija. Que descanses. Cuando quieras, cierra tus ojos y siente mi calor, yo estaré a tu lado.

Las lágrimas rodaron por mis mejillas. Era algo extraordinario y único. Me sentía privilegiada. Fue una visita breve, pero suficiente para comprender por qué es tan importante para muchos de nosotros, los mexicanos, la dicha de venerar a mi virgen de Guadalupe.

Después de unas semanas de haber recibido la visita de la Virgen Morena, un día en el que disfrutaba del descanso laboral vi en la televisión un reportaje sobre ella. El reportero hablaba sobre unas notas musicales que estaban ocultas en su vestimenta. Durante ese mismo reportaje, un artista las interpretó en su piano, y al escucharlas, empecé a tratar de recordar los tonos de cada nota de aquel elegante instrumento, ¡se me hacían tan familiares...! Me preguntaba a mí misma dónde había escuchado esa música, y así estuve intentando recordar durante todo el atardecer, sin encontrar la respuesta. Mientras platicaba con mi ángel, ella me preguntó:

—¿Qué escuchaste cuando vino nuestra virgencita? ¡Claudia, has memoria!

Analizando paso a paso la llegada de la madre de los mexicanos, y con la ayuda de mi ángel, recordé que los tonos correspondían a una música que la Virgen emite cuando baja del Cielo. Es una música celestial hermosa: un tañer de campanas semejante a los tonos que interpretaba con mucha maestría aquel artista...

MI CARTA A DIOS

Padre mío:

Quiero agradecerte de todo corazón por otorgarnos a mi ángel y a mí la oportunidad de cumplir con esta misión tan importante para ti. Esperamos no defraudarte, ya que para nosotras sería una gran desilusión hacerlo. Por lo tanto, para alcanzar esta meta, seguimos tus consejos al pie de la letra. Estamos conscientes de que no será nada fácil enfrentar la gran cantidad de adversidades que se nos presenten, pero lucharemos hasta el final para lograr el plan que has trazado y para que, por ende, te sientas orgulloso de nosotras.

También quisiera pedirte perdón si algún día renegué injustamente de los dones que me otorgaste, pero fueron momentos de incertidumbre e ignorancia, al cruzar esa línea tan delgada entre el mundo espiritual y el terrenal. Espero que, con el tiempo transcurrido, haya enmendado un poco mi mal proceder si es que te ofendí.

Por otra parte, quiero hacerte mi confidente y expresarte lo feliz que estoy, ya que el sábado pasado me visitaron mis familiares de la ciudad de Chihuahua y, con ellos aquí, hice uso del don de clarividencia. Fue fascinante explotarlo a su máximo, porque pude llegar a lugares inimaginables y mostrarles los dones que me has otorgado. Descubrimos juntos una pequeñísima parte del poder tan infinito que posees.

A través de la clarividencia, me enteré de que mi concuña Mireya Valdez posee también este don, así como el de sanación. Fue agradable saber que los tiene, ya que tenemos la ilusión de, con el tiempo, poner un centro de ayuda para sanar a quien lo solicite. Por supuesto, gratuitamente.

Déjame decirte también que una amiga me solicitó ayuda para su madre, que se encuentra enferma de cáncer. Me sorprendió su solicitud porque realmente no estaba al tanto de que ella supiera de mis alcances en materia de sanación. No quise ser imprudente y prometer sanarla, pues sabía que era muy arriesgado asegurar una curación de una enfermedad difícil de tratar para un médico. Sin embargo, le dije que con gusto la atendería y haría todo lo posible para ayudarla. Al oír mi explicación, me dijo que confiaba en mí, ya que tenía conocimiento de los dones que yo poseía y de lo que era capaz en cuestión de sanación. Así que al terminar de escuchar sus palabras halagadoras, mi ángel me sugirió tomarlo como un reto. Así lo hice.

Cité a la mujer para el día siguiente. Cuando llegó, tenía dolores muy intensos. Intenté sanarla con ayuda de mi ángel, que me daba indicaciones, y creo que la terapia fue todo un éxito. Me enteré de que en los días posteriores realizó una visita a su médico, y este quedó desconcertado ante la desaparición de un tumor y la disminución de otro.

La señora me visitó días después y se veía muy contenta porque sus dolores casi habían disminuido. Me ofreció su testimonio y sus resultados médicos como demostración de mi poder de sanación. Le tomé la palabra y se lo agradecí de todo corazón, ya que sabía que me encontraría con personas que dudarían de mí y, por ende, me criticarían.

Pero esto no termina aquí, Dios mío. También he tenido éxito en tratar a otra persona enferma de artritis. Cuando llegó a la terapia, se veía muy mal físicamente: tenía dolores muy agudos y al caminar arrastraba una pierna. Lamentablemente, sufría mucho. Lo más gratificante fue que al frotar con mis manos las partes dañadas por la enfermedad, ese dolor que la afligía disminuyó en minutos. Cuando, al concluir mi terapia, se retiró, me percaté de que su caminar había mejorado. Aunque creo que va a necesitar de varias terapias para lograr su mejoría casi total, confío en que lo conseguirá. Ella también me ha ofrecido su testimonio para cuando lo necesite.

¿Recuerdas cuando me mencionaste que mi hija Iridian tendría mis mismos dones? Tus palabras proféticas se han hecho realidad. En el caso de la señora enferma de artritis, ella ha sido partícipe de su sanación. La señora le comentó a mi esposo que estaba maravillada por el poder de sanación de mi hija. La mujer reconoce que cuando ella la tocó con sus manos, su dolor desapareció. La verdad, me pone muy contenta, porque sé que será un apoyo importante para la misión que me tienes encomendada, aunque tenga apenas catorce años.

Y deja que te cuente que ese fue solo el principio del descubrimiento de sus dones, ya que luego se ha percatado de que tiene también el don de clarividencia y el poder de desprenderse espiritualmente de su cuerpo. De hecho, cuando salió por primera vez de su cuerpo, tuvo una experiencia única: pudo ver y abrazar a su abuelita, la madre de mi esposo. Tú ya la conoces. Al regresar nuevamente a su cuerpo, estaba tan conmovida que lloró por la emoción que le provocó sentirla espiritualmente.

Por último, quiero mencionarte que la señora Nina Ballesteros leyó mi manuscrito y me dedicó estas lindas palabras que reproduzco a continuación, textualmente, porque fueron un aliento para seguir adelante con este proyecto.

> Claudia:
>
> Que el Señor Jesucristo la bendiga en su anhelo de servir desinteresadamente a aquellos que desean saber el destino de sus familiares que murieron en condiciones especiales.
>
> Su libro *Una mirada al Cielo* abre una luz de esperanza, porque nos permite conocer, a través de sus experiencias espirituales, el maravilloso mundo celestial, y saber qué nos espera al abandonar este tabernáculo de barro y al ser liberado nuestro espíritu de él: viajar a las bellísimas mansiones que nuestro Padre celestial ha preparado para nosotros, sus hijos espirituales. Con admiración y respeto, atte.
>
> Nina Ballesteros S.

Así me despido, con toda la veneración y el amor que te tengo y te tendré, por toda la eternidad. Te amo, Padre mío.

Postdata: Dile también a Jesús que le agradezco muchísimo el apoyo que me brindó cuando se lo he solicitado y, asimismo, que lo amamos por ser como es: sencillo, amoroso, comprensivo e inigualable.

EPÍLOGO

Las experiencias vertidas en estas páginas tienen un objetivo espiritual. Estoy segura de que más allá de la lectura acerca de partes de mi vida y las de otros, que compartiste conmigo a lo largo de este libro, hay intenciones y designios misteriosos de Dios que se cumplieron en el momento en que *Una mirada al Cielo* llegó a tus manos, pues no es casualidad que tú y yo nos encontremos unidos por una obra literaria.

Todos los hechos y testimonios que se encuentran en *Una mirada al Cielo* han transformado mi vida profundamente, y espero que también sea transformada la tuya. Espero también haber logrado alguno de mis propósitos. Mi humilde expectativa es dar un poco de resignación y paz a quienes han compartido su vida conmigo, porque Dios me ha dado el privilegio de ser conciliadora y portadora de su mensaje: despertar el *amor*, encontrar o fortalecer la *fe* y mantener como una llama viva e inextinguible la *esperanza* en una vida eterna, porque él desea que estemos en su compañía y en compañía de nuestros seres queridos en el paraíso celestial.

Finalmente, estimado lector, espero que siempre recuerdes que solo si llevamos una vida recta, de entrega y servicio *a los demás* y a nuestro Creador, encontraremos la verdadera felicidad y la oportunidad de que las puertas del Cielo se abran para darnos la bienvenida.

Con amor... Claudia

Si tiene algún comentario, duda, o necesita asistencia espiritual gratuita con un familiar que falleció. Favor de comunicarse por las vías siguientes:
Organización SUME:

    Presidentes, Claudia G. Olivas/ Porfirio M. Lugo.
    Vicepresidente, Olga Patricia Lugo.
    P.O. Box 12852.
    El PASO, TEXAS. Zip 79913.
    Estados Unidos de América.

Email:
    Unamirada.alcielo@hotmail.com